# 帝王智慧

李青霞 著

中国文联出版社

图书在版编目（CIP）数据

帝王智慧 / 李青霞著. -- 北京 : 中国文联出版社,
2024. 10. -- ISBN 978-7-5190-5633-9

Ⅰ. D691

中国国家版本馆CIP数据核字第202418BF04号

著　　者　李青霞
责任编辑　郭　琳
责任校对　王　莉
装帧设计　柿子树

出版发行　中国文联出版社有限公司
地　　址　北京市朝阳区农展馆南里10号　　邮编　100125
电　　话　010-85923025（发行部）　　85923091（总编室）
经　　销　全国新华书店等
印　　刷　三河市双升印务有限公司

开　　本　710毫米×1000毫米　1/16
印　　张　11
字　　数　200千字
版　　次　2024年10月第1版第1次印刷
定　　价　98.00元

# 前言
Preface

在中国古代，并非所有的皇帝都过得悠闲自在，有些甚至凄惨无比。为了避免这样的命运，皇帝必须做好自己的本职工作。皇帝的职责主要表现为确立和维护自己至高无上的地位，广泛召集人才为己所用，治理国家，确保江山社稷的稳固。

为此，皇帝必须具备权、术、法三方面的能力，也就是权力、方法和法治。权力是彰显皇帝地位和权威的关键，包括夺权、争权、维权、扩权四项细分业务。术则主要运用在维权时期，包括聚人、识人、用人三项业务。法治是治理国家的重要手段，包括治官和治民两方面。

历代不少皇帝成功地开展了全部三项业务，如唐太宗李世民、成吉思汗铁木真、秦始皇、汉高祖刘邦、明太祖朱元璋、光武帝刘秀等。权、术、法三项技术对于皇帝来说都非常重要。权彰显地位和权威，术是驾驭群臣的方法，法是治理国家的基础。

然而，术的问题可能是最危险的。如果皇帝不擅长运用术，那么夺权、争权几乎是不可能的，维权更是困难重重，甚至可能面临失去权力乃至生命的危险。所以作为一个皇帝，必须时刻提防失去权力的问题。

权、术、法三项技术中，至少要掌握前两项，才能保住自己的皇帝宝座。但如果想要让江山稳固，传承下去，则必须掌握法治。

权力和方法只能起到一时之效，法治才是让国家长治久安的根基。历史上伟大的皇帝大都具备了这三方面的能力，其中杰出的例子值得我们研究和借鉴。

总之，权、术、法三项技术是中国古代皇帝必须掌握和运用的能力，它们的运用是否得当决定了皇帝的命运和国家的兴衰。

# 目录 Contents

## 智囊篇


### 第一节 完整管辖——智勇双全

002 平定高句丽
004 机智除鳌拜
006 三征噶尔丹

### 第二节 绝对统治——高度集权

010 杯酒释兵权
012 推行推恩令
014 平定三藩

### 第三节 长远谋划——循序渐进

017 步步为营
019 两征大宛
021 鸿门宴

### 第四节 忍辱负重——审时度势

025 卧薪尝胆
027 宇文邕傀儡十三年
029 芒刺在背

### 第五节 从容不迫——秋后算账

032 迫封齐王
034 顺治之殇
037 嘉庆韬光养晦

### 第六节 避实击虚——先易后难

039 城濮之战
041 长勺之战
043 暗度陈仓

### 第七节 兵不厌诈——扭转乾坤

046 纸上谈兵
049 重金买鹿
051 挑拨离间

### 第八节 顾全大局——刚柔并济

054 软硬兼施治贪官
056 李世民怒斥骄臣
058 度田令

## 智德篇


第一节 知人善任——任人为能

062 朱元璋请宋濂
064 魏文侯慕名请三贤
066 吴王重用孙武

第二节 不拘一格——破格提拔

069 太武帝虚心纳谏
071 赵王唯才是用
073 汉宣帝识才录用

第三节 招聘猎头——信任授权

076 秦孝公重用商鞅
078 秦始皇放权用王翦
080 秦穆公五张羊皮换贤才

第四节 鱼水深情——君臣同心

083 周公辅成王
085 晋武帝哭羊祜
088 康熙帝任人唯才

第五节 人才储备——吸才纳贤

091 高筑黄金台
093 唐太宗任贤
095 齐桓公招贤纳士

第六节 知己知彼——以德善诱

098 以赏代罚
100 楚庄绝缨
103 宋仁宗科举风波

第七节 识人用人——重视贤才

106 隐喻讽谏
108 三顾茅庐
110 嘉庆任用刘清

第八节 君子情谊——包容大度

114 刘秀不强人所难
116 宋仁宗亲信贤臣
118 善于自省的李世民

# 目录 Contents

## 智仁篇


第一节　以民为本——君民一家

122　汉文帝改法

124　光武帝宽恕死刑犯

126　康熙改制

第二节　和谐共处——法不离情

129　汉文帝废除肉刑

131　乾隆特事特办

134　唐太宗实行死刑复奏

第三节　修文重德——崇儒尊法

137　独尊儒术

139　康熙尊崇孔儒

141　明太祖尊儒

第四节　全民皆兵——重本务实

144　唐朝府兵制

146　草原雄鹰

148　隋炀帝东征

第五节　与民休戚——推陈出新

151　顺治改革

153　开皇之治

155　刘邦建国

第六节　敦本务实——大公无私

158　戴胄秉公执法

160　赐子髡刑

162　乾隆帝不徇私情

# 智囊篇

# 第一节　完整管辖——智勇双全

## 平定高句丽

唐朝初期，一直与高句丽保持着友好的关系，但随着唐朝的统一和对外扩张步伐的加快，双方之间的矛盾逐渐加剧。高句丽开始不安分，并且和百济联合起来阻止新罗与唐朝交好。唐太宗为了维护唐朝的利益和地位，决定亲自征讨高句丽。

战前，唐朝进行了大量的物资储备和兵力调动。唐太宗下令造船、运粮，并派遣将领率领军队分道进攻高句丽。同时，唐朝还积极争取新罗等周边国家的支持，以形成对高句丽的合围之势。

在战争过程中，唐军展现了强大的战斗力和战术水平。他们先后攻克了高句丽的多个城池，给高句丽的军队造成了重大打击。然而，由于唐太宗在战略上过于求稳，未能采纳一些出奇制胜的建议，导致在安市等地的战斗中陷入僵局。最终，由于天气寒冷、粮运不济等原因，唐军被迫撤军。

尽管唐太宗没有消灭高句丽，但是这次战役给了高句丽沉重的打击。高句丽失守了十余座城池，死伤数万，被俘七万以上，国力受到了严重损耗。

之后，虽然唐太宗没有对高句丽进行大规模的征讨，但是不断对其骚扰，导致高句丽一直不敢有大的动作。

后来，唐太宗去世，唐高宗即位。高句丽再次趁机挑衅，唐高宗毫不犹豫地派出军队对其进行打击。唐军作战有方、指挥得当，屡次将高句丽打败。

高句丽并不甘心，开始联合百济和日本一起对抗唐朝，还对已经归顺唐朝的新罗进行骚扰，不让其向唐朝朝贡。于是，唐高宗改变策略，先攻灭百济，打败日本，让高句丽失去倚仗。

恰巧此时，高句丽内部发生动乱，唐高宗找准时机，火速派李勣与薛仁贵带兵讨伐高句丽。

在与高句丽军队作战的过程中，最初李勣带领唐军势如破竹，一路取胜。后来在金山，高句丽军队突然发起猛攻，打得唐军措手不及。恰巧猛将薛仁贵突然杀出，很快将战事扭转。

高句丽军开始节节败退，唐军乘胜追击，勇往直前，杀掉高句丽五万余人，一举拿下三座城池。这一次战役让高句丽损失惨重。

第二年，薛仁贵又带领两千精锐突袭高句丽军事重镇扶余城，再次以少胜多，将高句丽军队灭掉一万余人，吓得高句丽军见到薛仁贵就纷纷投降。在如此强大的压力之下，高句丽已无法再抵抗下去，只好投降保命。至此，让几代君王头疼不已的高句丽终于被唐朝攻灭。

**点评** 高句丽在隋唐时期一直是朝廷的祸患，隋朝多次对其出兵，但是成效不大。而唐太宗时期虽未能灭掉高句丽，但也对其造成了很大的打击。唐高宗终于将这个祸害中原多年的隐患除掉，稳定了唐朝的边境。

## 机智除鳌拜

康熙皇帝继承皇位时年仅8岁，还是一个不通世事的孩子，根本不懂得如何管理朝政，所以他的父亲顺治皇帝在临终前指派了四位辅政大臣，帮助康熙打理朝政。

这四位辅政大臣都是八旗贵族，对清廷有很大的功劳。在他们眼中，康熙皇帝不过是个一肚子玩心的半大小子。谁会把他放在眼里？所以他们对辅助并不尽心，只想拉帮结派，稳固自己在朝中的势力。四人之中鳌拜的私心最为明显，他等其中势力最大的索尼去世以后，便开始独揽朝政，一手遮天，完全不听小皇帝的管束。

他首先利用手中的权力公报私仇，将朝中曾经与他有过节的人一一处理掉，他们要么被杀，要么被贬。然后，开始打更大的如意算盘，强行进行“换地行为”。鳌拜为镶黄旗的统领，他利用职权拿镶黄旗的坏地换取了镶白旗的好地，然而镶白旗因为土地数量不够，只能额外圈占更多百姓的土地，导致很多百姓被迫离开家园，空出土地。

当时康熙皇帝已经执政，当他得知此事后，派出大臣彻查此事。然而，彻查此事的大臣反而遭到鳌拜的诬陷，鳌拜请求皇上将大臣处以重刑。皇上知道他无罪，打算从轻处罚。然而鳌拜却假托圣诏，将其处死。这一系列的行为可以看出，鳌拜完全不把这个小皇帝放在眼里。

其实鳌拜还是低估了这个小皇帝，康熙可不是一只任人宰割的羔羊。别看他年纪轻轻，却聪明得很，他对鳌拜的一切行径心知肚明。但是因为此时自己实力较弱，无法与鳌拜相抗衡，只能表面上装作忍气吞声，任凭鳌拜胡作非为。然而铲除鳌拜的计划早已经在康熙心里悄悄酝酿。

为了更好地控制康熙，鳌拜在朝中布置了很多心腹和眼线，以观察皇帝的一举一动。作为一国之君，康熙非常清楚，要想除掉鳌拜，必须周密筹划，不容出现丝毫破绽，一旦功亏一篑，不但国君之位不保，还可能性命堪忧。在深思熟虑之后，他想出了一个“将计就计”之策。

康熙首先在宫中挑选了一批身强体壮、力大如牛的侍卫，整天在宫中进行“布库”游戏，也就是摔跤。鳌拜在宫中的眼线每日都会向他报告皇帝的日常行为，当得知小皇帝每天沉迷于玩乐之时，不禁哈哈大笑，说道：“这小子看来还是玩心太重，哪知道管理什么国家大事？”遂慢慢放下戒心。然而此次鳌拜却大错特错，殊不知，康熙表面上是在玩游戏，实际却另有打算。康熙看时机已成熟，就悄悄与侍卫们商量好，要一举制伏鳌拜这个权臣霸者。于是这天皇上召鳌拜进宫前，早已布下埋伏，康熙使了个眼色，那些年轻侍卫便以迅雷不及掩耳之势，直接把鳌拜摁倒了。鳌拜还没反应过来，就已经被五花大绑。

康熙帝经过审讯以后，发现鳌拜的罪行不计其数，就判了他终身监禁。至于那些与鳌拜勾结的人，当然也逃不过法律的制裁——鳌拜的党羽被一扫而空。

至此，康熙悬着的心终于放下了，他得以掌控国家大权，开始了他杰出的政治生涯。

**点评** 少年康熙智斗鳌拜的故事听来神乎其神，其中充满着智谋的对决和政治的暗战，康熙的智勇双全也由此一直为后人所传颂和称赞。康熙登基时虽然还年幼无知，但经过多年的执政，很快成为调教权臣的老手，并很快让清朝走向盛世。

## 三征噶尔丹

在清朝初期，蒙古一直受清朝管理，对清朝称臣纳贡，保持友好交往。但是自从一个叫噶尔丹的人成为准噶尔部落的大汗之后，就开始生出不安分之心。他意欲脱离清朝的管控，成为草原的霸主。

于是噶尔丹开始征服蒙古其他部落，扩大自己的势力，几十万百姓南下，无家可归。康熙帝一边安抚灾民，一边派人前往噶尔丹军营，要求他立即退兵，并将所侵占的土地、牛羊，通通归还主人。

哪知噶尔丹不但不听，还扬言要打到北京，所以继续挥师南下，一步步向北京逼近。

康熙帝忍无可忍，果断率军亲征。他最初将清军兵分两路，结果左路军很快吃了败仗，这致使噶尔丹错认为清军不堪一击，产生轻敌思想。康熙帝知道自己决策失误，于是立即改变策略。

噶尔丹依靠对地形熟悉的优势，将大军布置在一座大山下，一边是河流，一边是树林。然后将一万多匹骆驼围成圆阵，捆住四脚躺在地上。并在驼背上绑着木箱，蒙上湿毛毡，士兵们则躲在驼阵后发炮射箭。

这一布置看似无懈可击，实则愚蠢至极。当清军的大炮落向驼阵时，只见骆驼被炸得血肉横飞，一片惨象。很快，清军一支部队趁机追了上来，另一支部队则从背后夹击。噶尔丹的叛军腹背受敌，被打得丢盔弃甲，尸横遍野，仓皇逃窜。

为延缓清军的追击，噶尔丹假意派人向清军求和。康熙帝却毫不留情，下令“火速追击！”其实，此时的噶尔丹早已带领残兵败将火速逃回漠北。

康熙帝见噶尔丹如此不识抬举，气得大发雷霆，毫不犹豫地对其进行了第二次征讨。康熙帝将大军分为三路，其中一路军由其亲自带领。在出征的路上，清军遇到许多困难。有时粮草不继，一天只能吃一顿饭，康熙帝却与将士们共担辛苦，这激发起将士们必胜的决心。

途中，他们还遇到连绵的阴雨，随军大臣担心孤军深入，易遇危险，请求康熙帝就此退兵。康熙帝坚决不同意，说："朕挂帅出征，还没有见到敌人就后退，如何杀敌，怎样向百姓交代？"

噶尔丹正在军中思索如何攻击清军时，忽然有人来报，说康熙帝的大军已到营前。噶尔丹先是一惊，然后又用疑惑的语气训斥道："一派胡言，这怎么可能？"

可是等他跑到山头上瞭望时，却看见清军已经整齐地排列于眼前，康熙帝的黄色龙旗正在迎风飘扬。噶尔丹看到大军压境，知道自己完全不是清军的对手，吓得赶紧拔营西逃。康熙帝则趁势追击，并通知西路军截击叛军。

西路军将领费扬古在昭莫多遇到噶尔丹的主力，与之展开激烈战斗。中途，清军的伏兵突然出现在敌后及其两翼，将叛军打得稀里哗啦。清军追击了三十余里，杀敌数千人。但最终还是让噶尔丹逃跑了。

第二年春天，康熙帝不再给噶尔丹任何喘息的机会，第三次带领大军出征，围堵噶尔丹的剩余部队。噶尔丹面对强势的清军，走投无路，最终服毒自杀了。

这场战役一直持续了八年，终于平息了蒙古草原上的骚乱，巩固了中国版图的统一。

**点评** 对康熙帝来说，全国统一是不可动摇的目标，不容任何人有分裂国家的行为。所以当噶尔丹发生叛乱时，康熙帝毫不犹豫地御驾亲征。这次战争，从最初就注定了康熙帝的胜利！一是因为皇帝亲自出征，壮大了将士们的士气，赢得了军心；二是噶尔丹不得民心，失去支持。这也凸显了康熙帝的聪明和智慧。

# 第二节　绝对统治——高度集权

## 杯酒释兵权

宋太祖赵匡胤的皇位得来并不是名正言顺的。虽然他做了皇帝以后并未杀过任何功臣，但是为了防止属下效仿自己黄袍加身，便利用旁敲侧击的方式让下属将兵权主动交回，虽然这样做也不够厚道，但好在不失君臣之和，起到了一举两得的作用。其中用得最巧妙的便是历史上有名的杯酒释兵权。

一天，赵匡胤找来了石守信、王审琦等高级将领，举办了一场豪华的盛宴。美酒佳肴摆满桌，大家开怀畅饮，气氛无比轻松愉快。

正当众人陶醉于酒香之中时，赵匡胤忽然开口说："我如今能够当上皇帝，全归功于各位。不过虽然我贵为天子，但还不如做节度使时快乐。当了皇帝之后，我终日没有睡过好觉。"

听到这话，将领们心中顿时咯噔一下，惊得差点把酒杯掉到地上，于是战战兢兢地问道："陛下这话从何说起呀？如今天命已定，谁敢再有异心？不知陛下还有何顾虑？"

赵匡胤看到大家的反应，又故作轻松地说道："皇权富贵谁不想要？若有朝一日，有人将黄袍披在你们身上，即使你们不想当皇帝，还由得着你们吗？”

众人一听，吓得赶紧下跪磕头，并说道：“臣等对陛下绝无二心，怎会有非分之想？如今实在不知该如何去做，还请陛下明示。”

赵匡胤呵呵一笑：“各位不必惶恐。人生苦短，你们何必活得如此辛苦？倒不如去地方当个闲官，多置办一些田产，给子孙留点家业，还可日夜饮酒相欢，享受儿孙绕膝之乐，岂不快哉？这样不就避免了我们君臣之间的猜疑？又何乐而不为呢？哈哈哈！”

说完，赵匡胤故意装作一副满不在乎的样子，开始捧腹大笑。

听到这番话，将领们面面相觑。他们个个都是聪明之人，当然明白皇上的意思，赶紧答谢皇上道：“陛下为臣子们想得如此周到，对我们有再生之德啊！”

第二天一早，大家递交了辞呈，表示愿意放弃兵权。赵匡胤见到这些奏章，眉开眼笑，欣然批准了他们的请求，并慷慨地给予了他们丰厚的赏赐。

此后的日子，石守信、王审琦等人果然如愿以偿，过上了安闲幸福的生活，享受着他们用辛勤努力换来的田园生活。

赵匡胤并没有止步于此，他又利用这一伎俩，召集其他节度使宴饮，并一一解除了他们的兵权。

就这样，赵匡胤利用自己的幽默风趣，在一场场酒宴中轻松解决了威胁皇权的大患，巩固了自身的统治地位，确保了北宋的中央集权。

点评 有时，处事技巧很重要，尤其在处理棘手问题时。就像赵匡胤那样，一句玩笑便解决了一国之兵权问题，实在是运筹帷幄之中，决胜千里之外啊！

## 推行推恩令

汉高祖刘邦登基后，把他的亲戚朋友们都封为藩王，封给了他们各自的领地。本来他们都是因功得赏，看上去和乐融融，却没有想到这一行为给汉朝后来的统治者带来了莫大的麻烦。

这些藩王们本应感谢皇帝的封赏，本本分分地管理自己的封地，可是他们却偏偏不知满足，变得越来越肆无忌惮。他们拥有自己的土地、农田和军队，想脱离朝廷的管控，独立管辖，这对皇权造成了很大的威胁。

在汉文帝时期，朝廷就对藩王采取过相应的措施，但是并没有从根本上解决问题。到汉景帝时期，皇帝竟然想直接把权力从藩王手里夺过来，也就是削藩，为此导致各藩王的极度不满，由此爆发了“七国之乱”。

虽然战乱很快就被皇帝平息了，而且还进一步削弱了藩王的势力，但是一些比较大的诸侯国，依旧有着数十座城的拥有权和使用权，这些诸侯国对皇帝和中央政府而言依旧是一个不小的威胁，这样的局面一直延续到汉武帝登基。

汉武帝上台后，认为削藩势在必行。因为有了先皇的前车之鉴，汉武帝知道，武力夺取藩王的权力并不可取，所以如何和平地解决掉诸侯势力过大的问题，成为皇帝心里一直思考的难题。

恰巧此时，一个叫主父偃的人出现了。他向汉武帝提出了“推恩令”，这一计策正合汉武帝的心意。这一名词听起来像是赐予无限的恩德，实际上却非常“狠毒”。

按照之前的政策，各封地只有藩王的长子有继承权，然而推恩令之后，每个儿子各继承一块。这样，一大块封地就被分为无数小块，这就大大削减了每个藩王手中的权力。以此类推下去，之后藩王的子孙越来越多，他们手中的土地自然就越来越少。

不但如此，皇上还将这些封地归属为各郡所管辖，而郡则是直接归朝廷管理，所以等于将藩王的权力完美地收归朝廷。在整个国家范围内，郡占全国国土面积的80%~90%，并且各个郡县都占据或扼守着有利地形，穿插进诸侯国土之间，致使郡的土地与诸侯国的土地犬牙交错，各诸侯国无法再连成片。最终形成了各诸侯国中“大国不过十余城，小国不过数十里”的局面，各个诸侯国成了一个个弹丸之地，不再占据地理优势，任他们如何作妖也掀不起太大的风浪。这让皇上悬着的心终于放了下来。

推恩令的厉害之处在于，藩王们明明知道他们的封地被削弱了，却不敢反抗。因为如果其中一人反抗，那么其他儿子则怕得不到封地对其进行反对。如果其家庭内部矛盾爆发，最后得利的只会是朝廷，所以各藩王即使有再大的意见，也只能有苦往肚子里咽。

汉武帝通过推恩令，成功地维护了中央的权威，削弱了藩王们的实力。而且，既维护了藩王的家庭和睦，也避免了他们联合起来对抗朝廷的麻烦。

**点评** 汉武帝为了加强中央集权，采取了多种措施。其中，推恩令的实施是影响最为深远、效果最为显著的。他吸取了“七国之乱”的教训，完美避开用武力夺取权力的方法，而是采用了利益均沾的方法，让藩王们的长子不敢造次，其他儿子也皆大欢喜，顺利地将政权收归中央。

## 平定三藩

在清朝刚刚入关之时，兵力缺乏，朝廷想要控制中国的所有版图，却鞭长莫及，有心无力。于是，吴三桂、尚可喜、耿精忠这些明朝官员被封为藩王，去管理南方的各个省份。南方最大的三个藩王也就此形成。

随着镇边日久，三藩的军事力量迅速扩充，经济实力也快速增长。他们不但截取了地方上的税赋，并且狮子大开口，伸手向朝廷索取大量军饷，每年仅三个藩王就要支出整个清朝财政的一半。最主要的是，他们不服朝廷管束，独占一方，俨然成了“土皇帝”，给国家的安定造成了很大的威胁。

顺治帝在位期间，虽然对他们深感不满，但也无可奈何。毕竟他们手握兵权，还驻守国家重要地理位置。假如惹怒他们，引发造反，对清政府可是致命的打击，所以清政府一直对他们忍气吞声。

然而康熙皇帝是眼里不容沙子之人，他即位以后，一直在寻找机会想尽快拔掉这几个眼中钉。这年，吴三桂突然想试探一下朝廷对他的态度，就以自己眼睛看不清东西为由，上书请求皇上解除自己的职务。

这不正合皇上之意吗？康熙没有丝毫犹豫，也未加任何挽留，直接答应了，并在回批的奏折中颇为感人地说了许多关心和不舍的话。

这下吴三桂傻眼了，皇上这是假戏真做啊！他当然心有不甘，然而事到如此，后悔也晚了。吴三桂当然不想听从皇上安排，他仅将帅印交给了云南督抚，兵权却迟迟不交。不但如此，他还开始暗中调派兵马，联络旧部和耿精忠商讨起兵造反之事。

此时，已经70岁高龄的尚可喜也向皇帝上书，说自己年事已高，无法再为朝廷效力，请求告老还乡，并要求皇上把自己的位子赐给儿子尚之信。

康熙一看，不禁喜出望外，好时机自动找上门，削藩之事此时不办更待何时？于是他先给尚可喜回了一封信，说道："尚之信并没有爵位，无法接替藩王的位置，况且，尚老且在，尚之信直接接替爵位则是大逆不道。"然后毫不犹豫地将尚可喜的藩位撤掉。

尚可喜气急败坏，但是又能怎么办？只能忍气吞声地回家养老去了。

紧接着，康熙帝下令撤掉全部藩王，这一决定直接引发了吴三桂的云南起兵。很快，耿精忠和尚之信也加入其中。他们的队伍迅速扩大，仅仅一年的时间，他们就占领了大半个中国。这对清朝的统治造成了巨大的威胁。

当时年仅20岁的康熙，当机立断，立马率兵反击。然而，三个藩王手中握有重兵，绝对不可小觑。于是朝廷在镇压叛乱期间，不断调整攻打战略，对三藩实施了不同的策略。康熙将目标直接指向了吴三桂，他发出昭告，除了吴三桂以外，其余投降者皆可不追究罪过。在皇上的宽容之下，耿精忠和尚之信相继投降，只剩吴三桂一支部队顽强抵抗。后来，吴三桂病死，导致叛军无首，不久便军心涣散，被清廷击败。持续了八年的三藩之乱终于落下帷幕。

平定三藩的战争不仅巩固了清朝的统治，也消除了地方割据势力对中央政府的威胁，维护了国家的稳定和统一。

**点评** 很多人对康熙采用战争的方式平定三藩表示异议，认为此举不够明智。然而假如没有此战，可能导致地方割据势力愈加猖狂，更难统治。此战虽然历经八年，对清朝的经济造成了很大的影响，但是为清朝后期的繁荣稳定奠定了坚实的基础。

# 第三节　长远谋划——循序渐进

## 步步为营

战国时期，局势动荡不安，七个诸侯国之间纷争不断。他们都各揣心思，不断发展自我，只为在中原保有自己的一席之地。然而，经过春秋战国数百年来长期的争霸、兼并，天下已经逐渐向统一的方向发展。秦国逐渐变得强大，势压其他六国，秦国统一天下已成不可逆转之势。

秦始皇嬴政继位之后，心怀吞并天下、统一中原之志。在他亲政以后，便重用李斯等人，对六国的局势和国力进行了一一分析，并制定了吞并六国的战略。他们认为，虽然六国实力不如秦国，但依然不可小觑，假若六国联合起来，依然是秦国所无法抵抗的，所以只能各个击破。

在六国之中,韩国的实力最为弱小。所以嬴政首先率军攻击韩国，很快韩国被吞并，成为秦国的一个郡。

古人云：“兵不厌诈。”战争本就不是正大光明的，其中定少不了利用诈术和计谋，而秦国在战争中则将计谋利用得出神入化。

赵国是秦国攻击的第二个目标，然而赵国将军李牧用兵灵活，势不可当，导致秦国久攻不下。于是秦王利用反间计，派人花重金收买了赵王身边的宠臣，让其污蔑李牧等人有谋反之心。赵王果真听信谗言，将李牧错杀，而李牧的死为秦灭赵铺平了道路。不久，赵军抵挡不住秦军，只得开城迎接秦军，赵国由此灭亡。

魏楚两国地域相连，被秦国列为接下来的进攻对象，然而魏国在多年的战败之中，总是割地求和，大片土地被秦国吞食殆尽，如今早已名存实亡，只有首都大梁稳固如初。秦国知道大梁城墙坚固，假若直接武力相攻恐怕耗时过长，于己不利，于是引黄河、鸿沟之水冲灌大梁城，仅仅三个月时间，就导致大梁城墙坍塌，首都失守，魏王只能献城投降。

秦王一连攻破三国，似乎被胜利冲昏了头脑，开始狂妄轻敌。在剩下的三国中，楚国国力最为强盛。虽然秦将王翦一再强调，攻打楚国必须举全国之兵力方可取胜，然而秦王却认为王翦高估了楚国实力，于是听信了将军李信的建议，派二十万人马前去攻打，最终落得大败而归。这次战败让秦王从扬扬自得中变得清醒，他重新认识了楚国的实力，于是起用王翦，利用一年多的时间，终于将楚国纳入囊中。

此时，燕国和齐国眼睁睁地看着一个个诸侯国被秦吞并，他们自知实力不足，无法与强大的秦国相对抗，于是当秦军兵临城下时，很快便开城投降。由此，秦始皇统一六国的事业终于完成。

秦始皇结束了春秋以来诸侯割据混战的局面，并建立了中国历史上第一个中央集权制国家。他为中国长期的统一奠定了基础，也对中国历史的发展产生了巨大而深远的影响。

**点评** 秦始皇出于对权力的欲望，开启了统一六国的行动。当时六国的势力开始慢慢衰弱，唯独秦国实力雄厚，越加强盛。即便如此，嬴政依然小心谨慎，精心策划，他采用循序渐进的方法，对六国逐个击破，由此保证了战争的胜利、大业的完成。

## 两征大宛

汉武帝在位期间，听说西域的大宛有一种宝马，流汗后皮肤会呈现血色，所以被称为“汗血宝马”，这种马品种优良，强健有力，能征善战。汉武帝一直以来就热衷宝马，汗血宝马的出现对其无疑是巨大的诱惑，于是他派遣使者携带大量财物，跋山涉水，前往大宛国求购汗血宝马。

然而，大宛国国王不但拒绝了汉朝的请求，还杀害了汉朝使者，夺走了他们的财物。这种公然挑衅的行为引起了汉武帝的极度愤怒，他决定派兵征讨大宛国，以维护汉朝的尊严和利益。

当时汉朝的卫青和霍去病均已去世，没有其他大将可用。于是汉武帝封宠妃李夫人的哥哥李广利为贰师将军，带兵出击大宛。但是汉武帝对西域了解不够，听取了曾出使大宛的姚定汉的妄言，认为大宛不堪一击，所以他只给了李广利六千名属国骑兵和数万名未经严格训练的郡国步兵。

然而因为路途遥远，军队在途中出现了严重的粮草供应问题。那些西域小国根本不把这些军队放在眼里，都闭门拒迎。李广利只能沿途攻击城池以获得粮草，还未到达大宛就开始损兵折将。

待李广利带兵到达大宛郁成时，军队只剩下了几千人，并且各个饥饿不堪，导致郁成久攻不下，死伤惨重。李广利只能退兵而还，待军队退到敦煌时，只剩下十之一二。

李广利上书请求罢兵，班师回朝。汉武帝一看顿时大怒，下令李广利不得退入玉门关。李广利只得屯兵于敦煌郡，以待命令。

第二年夏天，匈奴兵在汉朝边境骚扰，朝中大臣都主张先针对匈奴，暂缓攻击大宛。然而汉武帝认为军队既然已经出发，如果不将大宛降服，定会有损汉朝的威严，便集中精力对大宛发动第二次远征。这次，汉武帝给予李广利大约六万兵马，还有十万头牛、三万匹马及足够的后勤部队，另外还有甲卒十八万人屯守酒泉、张掖一带，以做后援。并且还带了水利工匠随军出征，意欲将大宛城外的河川改道，使其无水可用。这次战役可真是调兵遣将，准备充分。

此次大军路过西域小国，他们看汉军兵强马壮，不敢怠慢，都开门出迎，为汉军提供补给。待大军到达轮台时，该国闭门不迎。李广利下令攻打，屠城而去。自此，西域各国不敢再与汉军为敌。

李广利率领三万精锐部队兵临大宛之都贵山城，但他并未急于出战，而是先断绝了贵山城的水源，然后将其城包围起来攻击，经过四十多天的浴血奋战，最终突入外城。

大宛贵族见形势危急，就杀掉了大宛国王，并向汉军求和，力图自保。李广利随后收兵，带领军队进入贵山城，挑选了数十匹“善马”和三千余匹“中马”。

随后，汉朝又立大宛的昧蔡为大宛国王，与之签订和平盟约，至此，汉朝对大宛的战争终于宣告成功。这次战争，不仅汉武帝达到了“求马”的目的，更将西域大部分领土纳入了汉朝的版图。

之后，李广利带着大军和选好的马匹回到汉朝。

汉武帝的“求马”目的也得以实现。一举成就了一段辉煌的历史篇章。

**点评** 汉武帝两次派兵征讨大宛，虽然取得了胜利，但也损失惨重，付出了很大的代价。其实汉武帝发动战争的目的不单是索要战马，而是对西域的震慑。假如当时不征服西域诸国，他们很可能与匈奴结盟，将对汉朝构成不可估量的长久威胁。

## 鸿门宴

项羽和刘邦在讨伐秦国之时约定，谁先进入咸阳谁就可以在关中称王。结果刘邦率先进入咸阳，将军队驻扎在灞上。项羽得知后气得暴跳如雷，他当然不想让刘邦占据关中，于是将四十万大军驻扎在鸿门，意图讨伐刘邦。

当刘邦得知项羽准备率军攻打自己时，吓得不知所措，即使之前有言在先，自己可以名正言顺地占据关中，但是毕竟实力摆在眼前，自己的十万大军完全无法和项羽抗衡，当前只能向项羽低头。

第二天，天刚蒙蒙亮，刘邦就带着几个心腹和一百来人到了鸿门，向项羽认错。刘邦见到项羽，赶紧趴在地上，恭恭敬敬地说道：“刘邦拜见将军。”

项羽一见刘邦就杀气腾腾地问：“你有三项大罪；知道不知道？”

刘邦谢罪道：“我不过是一个小小的亭长，一直听从将军指挥，从不敢有冒犯之意。”

项羽说：“你知道天下人都痛恨秦王，你却自作主张把他放了，这是第一。你随便改变法令，收买人心，这是第二。你抗拒诸侯，不准他们进关，这是第三。”

刘邦解释道：“将军，请允许我把话说完。第一，秦王子婴我不敢自作主张，只是暂时把他看管起来，等候将军发落。第二，秦国法令苛刻，我改变法令，不过是为了宣扬将军的恩德。第三，我派人驻守关口，不过是怕秦军的残余作乱。我怎么会抗拒诸侯呢？”

听到这话，项羽的心里舒坦多了。刘邦接着说：“将军在河北作战，我在河南作战，我们同心协力，托将军洪福，我先进关，能在这儿见到将军，是非常高兴的。谁知道有人从中挑拨，叫将军生气。”

项羽不假思索地说道：“这都是你的部下曹无伤说的，如果不是他挑拨离间，我们也不会心生嫌隙。”

说着，项羽叫刘邦坐下，留他喝酒，刘邦提心吊胆地不敢多喝。

席间，项羽的部下范增一直使眼色让项羽杀掉刘邦，但是项羽无动于衷。无奈之下，范增偷偷让项庄在刘邦面前舞剑，意欲将其杀掉。然而项伯看出了项庄的意思，也拔出剑一起舞了起来，一直阻挡在刘邦面前，让项庄无法下手。

刘邦早看出了项庄的意思，惊得出了一身冷汗。不一会儿，刘邦以上厕所为由溜了出去，然后带着樊哙和夏侯婴几个人从小路逃跑了。

项羽见刘邦好久没回来，就让人去请他。此时，刘邦的手下张良走了进来，很抱歉地说道：“将军，沛公刚才因为喝酒太多，略显醉意，他怕在将军面前失礼，让我奉上白璧一双，献给将军；玉斗一双，献给范增，以表歉意。”

项羽不解地问：“沛公在哪儿呢？”

张良回答说：“沛公怕将军的部下为难他，就先回去了，想必现在已经到灞上了。”

既然刘邦已经离开，项羽也不再追究。

刘邦回到军营，立马就将军中的奸细曹无伤斩杀了。

之后，项羽封刘邦为汉王，刘邦不得不将关中拱手让与项羽，带领军队到达汉中。虽然在鸿门宴上刘邦和项羽看似和解，但刘邦并不甘心，他在汉中开始积蓄力量，准备将来和项羽争夺天下。刘邦后来凭借着自己的实力，终于将项羽打败，成为一代君主。

**点评** 鸿门宴对于刘邦来说既是屈辱，又是恐惧，更是无奈之举。当时刘邦实力微弱，完全无法抵御项羽，假如真的发生冲突，刘邦必败无疑。于是，刘邦先向项羽屈服，等待以后东山再起。可见刘邦目光长远，不争一时之得失，夺取天下势在必然。

# 第四节　忍辱负重——审时度势

## 卧薪尝胆

越王勾践在与吴国的战争中失败以后，为了自保，不得已之下，只能派范蠡和文种携带美女和财物向吴国求和。吴王夫差听言，气得七窍生烟，大怒道："勾践这个不知死活的东西，现在想起向我求和了？之前用箭将我父王射死的时候怎么没想到会有这么一天？想让我饶恕他？没门！"

然而任何的决定和决心都架不住"内鬼"的撺掇，范蠡和文种早想到夫差会有这么一出。他们事先收买了夫差身边的太宰伯嚭，让其在夫差面前为越王美言。果然"有钱能使鬼推磨"，太宰费尽心思在夫差面前为越王开脱，他对夫差说："大王目光要放长远。如今勾践已经自愿提出携带妻子到吴国来做您的奴仆，那不就等于越国已经被您操控了吗？这样您既可以控制越国，又可以给自己留个好名声，岂不是一举两得吗？大王又何必非要杀掉勾践留下恶名呢？"

不得不说夫差也是糊涂蛋一枚，听太宰这么一说，竟然一拍大腿说道："这话说得有道理啊！好！好！就这么定了。"

于是，勾践就带着妻子到了吴国，越国的国君瞬间变成了一个任由吴王驱使的奴隶。

初到吴国，勾践见到吴王，立马跪下来，走到夫差面前叩头道："臣有罪，请大王宽恕。"

夫差本来对其怨气十足，一见到他就想拔剑砍过去，但是经勾践这么一说，反而一种高高在上的虚荣心占据心头，怒气顿时消了一半。他稍作平静后说道："看在你这么诚恳的分儿上，我就饶恕了你。来人！给他安排去帮我喂马吧！"

勾践满口答应，并对吴王表示千恩万谢。于是，勾践换上了下人的粗布衣裳，整天蓬头垢面地锄草喂马，在马厩里挑水洗马。当吴王乘车外出时，有时要勾践给他牵马，勾践就低着头，恭恭敬敬地牵着马在前面步行，十分尽心尽力。吴王见勾践如此低三下四，便慢慢放松了对勾践的警惕，甚至慢慢地生出了同情之心。

就这样，三年的时光一晃而过。一天，夫差生病了，勾践请求去探视。这本没有什么，然而勾践接下来的举动却令夫差大为惊讶：勾践竟然当着他的面，用手指蘸着他的粪便放到了嘴里品尝。然后告诉夫差：贱臣通过品尝大王的粪便得知，大王的病不日就会痊愈。

这操作着实令夫差大为感动。在病好之后，夫差毅然决定放勾践回国，勾践的奴仆生涯由此结束。不过，勾践当然不会忘记在吴国受到的各种凌辱，他发誓一定要报仇雪恨。

回到越国之后勾践放下了一切国君的架子，他穿粗布麻衣，吃粗茶淡饭，亲自到田间拉犁耕种。晚上睡在柴堆里，并将一枚苦胆放在床头。每天吃饭前睡觉起来都要先尝一尝苦胆的味道，以激励自己不忘在吴国受苦的日子。

就这样，越国在勾践的精心治理下，国力越来越强盛。最终，勾践带领三千越国将士一举击败吴国的十万大军，吴王夫差也在此次战役中被逼拔剑自刎。

**点评** 要论史上最屈辱的君王，勾践绝对算得上其中之一。本是众星捧月般的人物，却瞬间沦为他国的奴隶，相差可谓天上地下。然而他知道审时度势，能屈能伸。在吴国虽然受尽凌辱，他却一声不吭，等到时机成熟，便毫不犹豫地进行反击，一举击败吴国。

## 宇文邕傀儡十三年

宇文邕是北周皇帝，他的哥哥宇文毓被堂兄宇文护毒死，之后17岁的他被推上了皇帝之位。然而身居高位的他只有皇帝之名，并无皇帝之实。

当时的国家大权掌握在宇文护手中，他不但独揽国家政务，就连军队的征调，也必须有他的手令。宇文护在自己的府邸屯兵防卫，比皇宫防范得还要严密。无论大事小事，宇文护都是先行决断再上报皇帝。

宇文邕生性聪颖，抱负远大，因为受制于宇文护，自己有才能却无法施展。宇文邕深知宇文护的势力庞大，不可撼动，故而采取了韬光养晦的策略。他即位之初，不敢暴露自己对宇文护的不满，只能迎合于他，静待时机。

宇文邕将宇文护比作周公，甚至说他的功劳比周公还大，对其加官晋爵，并百般讨好。为了表彰宇文护的功德，宇文邕还下诏说："大冢宰晋国公宇文护助朕完成帝业，安养天下百姓，功勋无比。从今以后，诏诰及官方文书一律不准直称他的名字。"

可见其对宇文护的"尊崇"程度之高。

不但如此，宇文邕还对宇文护的母亲尊敬有加、竭力奉承，每次赏赐，都是极尽奢华。每到岁时伏腊，宇文邕还会兴师动众地率领皇族亲戚向宇文护之母行家人之礼，以此来博得宇文护的欢心。

宇文邕这一系列的表面功夫并没有白费，一味的屈从让宇文护对其慢慢放下戒心，虽然宇文护时不时在暗中要挟宇文邕，意图夺权篡位，取而代之，但起码并未产生杀掉他的想法，这也让宇文邕为日后取得政权赢得了时机。

宇文邕的亲弟弟宇文直因为在沌口之役中打了败仗，被宇文护削了职位，一直对其怀恨在心。他知道宇文邕对宇文护在朝中一手遮天恨入骨髓，便与他一起策划，图谋秘密铲除宇文护。

这天，宇文护从同州返回长安，宇文邕便与他一同来见太后。宇文邕故意装出一副愁容满面的样子，边走边对宇文护说："如今太后年事已高，依然喜欢饮酒。虽然我多次劝谏，但都未见成效，如此下去，恐怕会对太后的身体产生影响。如今兄长入朝，请前去劝谏太后。”

说着，还从怀中掏出一篇《酒诰》交给宇文护，让他以此文劝说太后。

宇文护对此没有任何怀疑，进到太后居所，为太后读起了《酒诰》。正当他专心读文时，宇文邕绕到其背后举起玉珽，猛地在他头上一击。宇文护应声倒地，宇文邕忙令宦官何泉用刀砍杀宇文护。何泉因为心慌手颤，无法砍中要害。这时，暗中躲藏的宇文直立马出来帮忙，将宇文护杀死。

宇文护被杀后，北周的大权才真正落在宇文邕手中，这位当了13年傀儡的皇帝，终于“拨开云雾见天日”。

**点评** 宇文邕虽然聪明睿智，有治国之志，但因为当时宇文护势力庞大，权倾朝野，他只能委曲求全，等待时机。一旦时机来临，便果断出击，勇杀权臣，将政权夺回。

## 芒刺在背

汉宣帝刘询18岁时被大将军霍光拥立为皇帝。他本已经到了亲政的年龄，但是背后有霍光把持朝政，他只能小心谨慎地听从霍光的安排，不敢有任何忤逆之举。

每次霍光站在他身边的时候，他就会觉得无比恐惧，就像有人拿针扎他的背，成语“芒刺在背”也正源于此。

刘询即位之初，霍光也曾对他加以试探，想将政权交于他手上。但是刘询心里非常清楚，这不过是一个形式，自己势单力薄，根本无法与霍光抗衡，就极力谦让，让霍光继续任原职处理国事。

为了赢得霍光的信任，刘询还对霍氏一族封邑封侯，并且宣布大小事情都要先报知霍光，再奏知自己。

刘询的一再隐忍，让霍光更加肆无忌惮。霍光以为皇上胆小怕事，不敢违抗自己，所以越来越不把他放在眼里。他在朝中结党营私，到处安插眼线和亲信，朝廷俨然成了霍氏一党的天下。

更为过分的是，霍光不但掌权于朝政，连后宫之事也加以干预。这年，许皇后怀有身孕，在临产前感到身体不适，便召宫中女医前来问诊。霍光的夫人就趁机买通了女医，让她在皇后的汤药中掺入孕产妇禁用的附子。结果，许皇后生产后不久，就病重身亡了。

刘询与皇后感情很好，认为皇后死得蹊跷，就派人彻查此事。当得知是霍光一家人下的毒手后，心里痛恨万分，但表面依然不动声色，当作不知情。

没过多久，霍光的女儿就进宫，继任了皇后之位。

刘询表面隐忍，却在背后积蓄力量，意欲时机成熟，扳倒霍光一党。

刘询登基六年后，霍光去世。没了霍光的阻挡，刘询本可以顺利亲政，然而他并不急于将政权夺回。此时霍氏家族的成员依然遍布朝野，所以必须将其一网打尽，才能保证自己权力的平稳。

刘询并未像大家想象的一样，火速对霍氏一族进行武力制服，而是反其道而行之，先将霍光厚葬，然后将霍光的侄孙霍山封为乐平侯，并授予重权，他的举动让霍氏错以为自己仍然可以像以前一样跋扈横行。

待霍氏一族放下戒备以后，刘询开始一步步实施自己的计划。他先解除了霍光的两个女婿的东西宫卫尉的职务，接着又免掉了其两个侄女婿中郎将和骑都尉的重要军职。等到霍氏集团发现其中的端倪时，刘询又立刻免掉了霍光儿子霍禹的右将军一职。

霍光的夫人认为有作为皇后的女儿为后盾，依旧无所顾忌。她指使女儿对许皇后的儿子刘奭下毒，然而刘询早有防范，她并未得逞。

刘询就这样将霍氏余党逐一铲除，将权力慢慢收回到自己手中。霍氏一族当然不甘心就此放权，意图发动政变，刘询早做好了准备，一举将他们全部拿下，将他们杀的杀，斩的斩。霍皇后也因此被废，打入冷宫。

刘询用了八年的时间，终于铲除了霍氏集团，夺回了大汉皇权。

**点评** 在历史上，刘询是当之无愧的隐忍之君。当被霍光推上皇位的那一刻，他就成了一只“待宰的羔羊”，没有任何自主权。他年轻时混迹于民间，在朝中并无根基，即便如此，他依然不甘心受控于人，暗中积蓄力量，等待反击，最终成为西汉最为杰出的君主之一。

# 第五节　从容不迫——秋后算账

## 迫封齐王

韩信是刘邦帐下的一员猛将，在刘邦夺取天下的过程中他战功赫赫，无人能及。可以说如果没有韩信，也就没有刘邦的皇帝之位。

刘邦本就注重人才，善待贤士，所以他帐下有很多有识之士。韩信初投靠刘邦之时，刘邦以为他只是普通的人才，并没有什么雄才大略，于是并未重用。后来经过萧何的引荐，刘邦才将他封为大将。韩信果然不负所望，为汉朝的建立立下了不世之功。

但是韩信在追随刘邦期间，却并不安分。当初刘邦和项羽战争最激烈的时候，刘邦被围困在荥阳城内，无法脱身，而在外征战的韩信却一路势如破竹，取得了辉煌的战绩。韩信为自己的功劳而沾沾自喜，不禁骄傲起来。他不顾刘邦的危难处境，竟然派人去给刘邦送信说："齐国狡诈多变，反复无常，南边又与楚国相邻，如不设立一个代理王来统治，局势将不会安定。我希望做代理齐王，这样对形势有利。"

刘邦一听，顿时怒火中烧，不禁大骂道："我被困在这里这么久了，天天盼着他到这儿来助我，如今他不但不来相助，反而要自立为王！”

说到这儿，刘邦忽然感觉脚下有人踢他，知道自己言语有失，立马住口。原来是陈平在暗中阻止。陈平压低声音对刘邦说道：“如今的处境对我们不利，韩信手握重兵，你怎么能阻止得了他称王呢？不如就借此机会立他为王，好好善待他，使他自守一方，否则可能会发生变乱。”

刘邦何等聪明，立马明白了陈平的意思。他明明知道韩信是在向自己挑衅，但不得不把这口气咽下，然后转怒为喜，说道：“韩信是我手下大将，他平定了诸侯，为我立下汗马之功，索要封赏理所应当。只是要做就做个真王，何必做什么代理王呢？”

于是，刘邦立马封韩信为齐王，并征调他的部队攻打楚军。

其实刘邦心里明白，韩信虽然为自己的手下，但是一直不把自己放在眼里。刘邦登基后，曾和韩信谈论各位将军才能的高下，刘邦问韩信：“像我这样的人能统率多少兵马？”

韩信说：“陛下不过能统率十万。”

刘邦说：“那你呢？”

韩信回答：“越多越好。”

刘邦笑着说：“那你为什么还被我抓住了呢？”

韩信说：“陛下不善于统领士卒而善于领导将领，这就是我被陛下抓住的原因。况且陛下是上天赐予的，是人力不能做到的。”

其实韩信说的确是事实，他的确是个军事奇才，刘邦曾称赞他“战必胜，攻必取”。即便如此，他在刘邦面前如此狂妄自大、目中无人，也不免让刘邦心有芥蒂。

后来有人告发韩信谋反，刘邦就找机会削去了他的王位，改封为淮阴侯。韩信对此一直愤愤不平，在陈豨发动叛乱时，他竟然想做其后盾，给予支持，后经家臣告发，将其逮捕。此次刘邦并未留情，直接将其斩杀。

**点评** 韩信作为刘邦帐下大将，手握重兵，同时也给刘邦造成了很大的威胁。所以在他要求刘邦为其封王时，刘邦听取下属意见痛快答应。毕竟当时刘邦身处逆境，不得不做长远打算，只能暂时容忍，等待秋后算账。

## 顺治之殇

顺治登基时年仅 6 岁，还是一个乳臭未干的孩子。本来这个皇位与他无关，当时多尔衮对皇位蠢蠢欲动，但是因为得不到八旗子弟的支持，无奈之下他只能另辟蹊径，培植一个傀儡皇帝，从背后对其进行操控。

顺治皇帝因年幼无知，刚刚登上皇位的他沉浸在无法言喻的快乐之中，对将他推上皇位的多尔衮也非常尊敬。

这也就导致了多尔衮在宫中的地位如日中天。大臣在朝贺完顺治之后，都要起身再去朝贺多尔衮，并且随着多尔衮权力的增大，还直接取消了面见皇帝下跪的规矩。

此时，关内正处于一片混乱之中，清军对关内虎视眈眈，想趁机入关，夺取中原。恰巧遇到吴三桂抵御李自成，请求清军援助，多尔衮当然不会错失这大好时机，他果断率军进攻，一举攻进北京城。

不久，顺治帝迁都北京。因多尔衮战功赫赫，特封其为叔父摄政王，赐穿貂蟒朝衣。从此，多尔衮的待遇开始凌驾于诸王之上。

自从多尔衮晋为皇叔父摄政王后，一切大礼诸如围猎、出师等，王公贵族俱要聚集一处待候传旨，还要“列班跪送”多尔衮。若其回王府，则需送至府门。如遇元旦、庆贺礼时，文武大臣在朝贺顺治帝后，即去朝贺多尔衮。上朝时，多尔衮于午门内才下轿，而诸王需于午门外下轿。

这一系列的礼仪让多尔衮越来越狂妄，也越来越不把皇帝放在眼里。按照规矩，皇帝的信符必须存放在皇上宫中，然而多尔衮却嫌每次调兵遣将的时候都要去皇上宫中盖章非常麻烦，他索性把皇帝的玉玺、兵符等全都搬进了自己的宫里。

不久，顺治又免去了多尔衮对自己的跪拜之礼，还将多尔衮的称呼变成了“皇父摄政王”。甚至他处理的一切政务，连“告诉皇帝一声”这个流程都懒得走了，直接称诏下旨。这么一看，他除了还差一个皇帝之名，已经跟皇帝没有任何区别了。

多尔衮的一切行为完全超出了一个臣子该有的样子，所以作为皇帝的顺治心里对他有多憎恨，我们可想而知。但是，顺治因为年纪尚小，并未亲政，只能压抑着心中的愤怒，依靠多尔衮打理朝政。

就这样，顺治在多尔衮的压制下一直度过了七年的时间。这年，多尔衮外出打猎，竟然坠马身亡。他的死让顺治帝瞬间轻松，他恨不得大声呼喊：压在自己头顶上的乌云终于散开了。

但是，他依然为多尔衮举行了隆重的葬礼。在为其送葬的过程中，顺治帝显得异常悲痛。守丧期间，顺治也表现得格外恭顺，为其守满了七七四十九天的丧期。

随后，13岁的顺治帝正式亲政，他已经等不到18岁了，在多尔衮的多年压制下，他再也不想受任何人的控制和操纵，只想对政事亲力亲为。

当顺治的皇帝威严显露在众臣面前时，群臣开始纷纷上奏，揭露多尔衮生前的种种罪行。顺治那积郁已久的怒火终于喷涌而出，他要用一切手段来发泄自己的不满。

顺治下令：将多尔衮的罪状一一罗列，昭示天下，并没收家产。仅此还不能让顺治解心头之恨。他命人将多尔衮的棺材打开，用鞭子抽打尸体，最后砍掉脑袋，曝尸示众后，焚骨扬灰。

**点评** 在历史上，很多权臣为了达到自己执政的目的，经常培植一个傀儡皇帝，以掩人耳目，多尔衮亦是如此。然而登上皇位对顺治来说既是伤痛亦是机遇，他并不甘心受多尔衮的摆布，一直静待时机。在多尔衮在世时给了其无限风光，死后让其声名狼藉。

# 嘉庆韬光养晦

和珅是史上有名的大贪官。乾隆皇帝在位期间，他仗着乾隆的宠爱，贪赃枉法，无恶不作。皇上也对其深信不疑，将很多军国大事交由他处理。

当时和珅是皇上身边的红人，在朝中地位无人能及，所以他利用手中的权力对官商进行打压和敛财，只要与他不是一条战线或者不给予其足够的好处，就会遭遇灭门之灾。

这导致很多官员都对其心生忌惮。他们经常用大量金银珠宝贿赂和珅，生怕哪里做得不够到位，而受到和珅的惩罚。有些想升官晋爵者也开始用贿赂的方式让和珅帮其在皇上面前美言，以得到自己想要的权势。和珅则来者不拒，明目张胆地收敛钱财。随着势力的增大，和珅的胆子也越来越大，他甚至将贪污之手伸向了皇宫。

有时他看上了乾隆帝的某些物品，就派人先做一份赝品，然后用赝品偷偷将真品换下，自己则将真品带回家中。有些官员向皇上献礼，得先给和珅一份，甚至给和珅的礼物的价值远超给皇上的。

乾隆帝对此并非一概不知，而是每次都睁一只眼闭一只眼，不加追究。

后来乾隆皇帝主动退位，将皇位传于儿子嘉庆，自己则做起了太上皇。乾隆虽然名义上已经让位于嘉庆，实际上却不想放权。每次上朝时，乾隆帝依然会临朝听政。而和珅和嘉庆则站在他的旁边，一同接受文武大臣的三跪九叩，所以当时人们都称和珅为“二皇帝”。

若大臣有事上奏，基本都是由和珅来处理，政务大权等于落在和珅手中。一旁的嘉庆帝则没有任何实权，他当然心里愤懑不已，但是当时形势下他也只能忍气吞声。不但如此，和珅为了监督嘉庆皇帝，还在宫内布满了眼线，无论是太监、宫女还是亲信官员都有可能是和珅派来的奸细，让嘉庆帝防不胜防。所以嘉庆行事非常小心，表面上对和珅也恭敬有加，生怕他抓住自己什么把柄。

三年之后，嘉庆终于等到了乾隆去世，政权也理所应当地落到了嘉庆皇帝手中。他逐渐将大权转移到自己手中，并栽培了一些亲信大臣。待时机成熟，一举将和珅拿下。嘉庆下旨对和珅进行抄家，王公大臣在其家中共抄得白银八亿两，这些财产相当于清朝政府十五年的收入。当时清朝国库空虚，这些银两全部被收入国库，国家瞬间解决了财政危机，所以世人有“和珅跌倒，嘉庆吃饱”的说法。随后，嘉庆帝宣布了和珅的二十条大罪，但是念其曾担任先朝大臣，于是赏白绫一条，赐其家中自尽。

**点评** 嘉庆皇帝即位时，乾隆帝并未放权，和珅也凭借着乾隆帝的宠信权倾朝野，为所欲为。这让嘉庆感到十分憋屈。但是嘉庆明白，在父皇心中，和珅的地位远超自己，所以也只能将自己的委屈暂时搁置，待乾隆死后，和珅没了靠山，才果断出手，将其扳倒。

# 第六节 避实击虚——先易后难

## 城濮之战

晋文公重耳还未登上国君之位时，曾经出逃到楚国。楚成王热情地招待了他，并问道："如果你将来做了晋国的国君，应该如何酬谢我？"

重耳说："假如我们两国不幸发生战争，那我就退避三舍。"

后来重耳果真回到晋国，做了君王，史称晋文公。晋文公上位以后，实力逐渐恢复。而此时的楚国想称霸诸侯，晋文公得知后，想阻止楚国称霸的意图，但是楚国国力强盛，如果出兵讨伐，定会损失惨重，并且难分胜负。

恰巧此时，楚国出兵进攻宋国，宋国派人向晋国求救。宋国国君曾对晋文公很好，如果不救怕得罪宋国；如果救宋，自然会与楚兵戎相见，可是一旦交战，晋国未必能取胜。

晋文公左右为难，于是召来群臣商议，最后决定：可以答应帮助宋国，但是并非正面与楚对抗，而是晋国出兵攻打楚国的附属国曹、卫，这样就可以在一定程度上削弱楚国的兵力，到时候可以分给宋国一些土地，以弥补宋国的损失。然后再建议宋国找齐、秦两国求救，让他们与楚国正面交战，并把送给晋国的礼物送给这两个国家。

然后晋国果断出击曹、卫两国，并将其国君捉住。楚成王见晋国想解救宋国，知道晋国并不好对付，于是要求楚国大将子玉知难而退，不要和晋国正面对抗。然而子玉不听，执意与晋国交战。

子玉先派使者去晋国谈判，说只要晋国释放曹、卫两国国君，楚国就会从宋国撤兵。晋国并未听从大将子玉的意见，而是将其使者扣留，以故意激怒楚国。接着，晋国要曹、卫两国国君答应，只要从此和楚国断绝来往，就释放他们回国，曹、卫国君欣然答应，回国后和楚国断交。

子玉得知后大怒，直接派兵进攻晋国，但是晋文公因为之前对楚成王有过承诺：如果两军打仗，定会退避三舍。晋文公并未食言，而是率军后退九十里。其实，晋文公带兵后退，既是报答以前楚成王给予的礼遇，也是运用“卑而骄之”“怒而挠之”的诱敌之计。

可是子玉不懂得见好就收，更不知这是诱敌之计，直接带兵追了上来，两军对峙于城濮。晋楚分别将军队分为三路，等待对战。

当两军接触之时，晋国将领率部下用虎皮蒙在马身上，首先冲击楚军右翼的军队，楚军看到后吓得溃军而逃。随后，晋军采用诱敌深入的战术，让楚军陷入混乱。晋国的中军再将楚军拦腰截击，与晋国上军共同夹攻楚国左军，致使楚国左军溃败。子玉见两翼皆败，败局已定，连忙下令中军收兵，退回楚地。

这场战役是晋楚两个大国为争夺霸主地位而进行的一次重要较量，结果是晋军取胜，为晋国成为中原霸主奠定了基础。

点评 晋文公在知道与楚国实力相当，而无法完胜的情况下，采用避实就虚的作战方法。首先攻打楚的附属国，借此削弱楚国的力量。当晋楚两军交战时，晋国避开了楚国的主力军，而从左右两翼入手，取得了战争的主动权，最终大获全胜。

## 长勺之战

春秋时期，齐桓公为了扩大自己的疆域，不断向外扩张领土。这一年，齐桓公不顾管仲的反对，执意率大军攻打鲁国。

此前，齐、鲁两国几次交战，结果都以鲁国失败告终。此次鲁庄公听闻齐国大军压境，吓得脸色突变，不知如何是好。

鲁国军事家曹刿面见鲁庄公，主动提出可以抵抗齐军。在曹刿的建议下，鲁庄公暂时避开齐军锋芒，撤退到有利于反攻的地方——长勺。

由于之前的战争中鲁国总是失败，致使齐国将士非常轻视鲁军，认为鲁军不堪一击，根本没有将他们放在心里。待两军阵势摆好，鲁庄公准备先发制人，击鼓进军，但是被曹刿阻止了。他说："大王，现在还不是时候，静待稍后。"

鲁庄公听从了曹刿的建议，按兵不动，蓄势待发。

齐军认为鲁军心生胆怯，更加肆无忌惮，一连三次击鼓，以壮军威。但是三次击鼓之后，鲁军依然一动不动。此时的齐军开始心生浮躁，精神渐渐放松下来。

曹刿仔细观察齐军的状态后，对鲁庄公说："大王可以出军了。"

于是，鲁庄公立马下令进攻齐军。只见鲁军士气高昂，一鼓作气，迅猛、英勇地冲向敌人。齐军本来就已放松警惕，一看鲁军杀来，顿时手忙脚乱，四散奔逃。

鲁庄公看齐军大败而逃，准备驱车追击。曹刿说："现在还不行。"

曹刿下车细看齐军的战车车轮留下的痕迹，然后又登上车前的横木远望，笑着说："大王，可以追击了。"

鲁庄公再次听从曹刿的建议，率军追击，结果将齐军打败。

鲁庄公不明就里，问曹刿取胜的原因。曹刿回答说："作战，靠的是勇气。第一次击鼓可以振奋士气，第二次击鼓士气就少了一些，第三次击鼓士气就消耗殆尽了。齐军三次击鼓却未开战，士气全被消耗殆尽了。而我们第一次下令出击，将士们士气正盛，所以战胜了他们。当他们逃跑时我没有让大王立马追击，因为齐国的情况难以捉摸，恐怕其中有诈。但是我仔细观察了他们的车辙，发现杂乱无章，远望他们的军旗也已经倒下了，确定齐国没有埋伏，所以才下令追逐他们。"

鲁庄公听后大为惊讶，不禁赞叹曹刿的智慧。

**点评** 在长勺之战中，鲁军处于劣势，如果与齐国直面相对，很可能战败。但在曹刿的建议下，鲁国采用了“避实击虚”的方法，先挫败齐军的士气，再趁机出战，终于取得了胜利。

## 暗度陈仓

在鸿门宴后，项羽封刘邦为汉王，封地在汉中。刘邦只能带领军队进入巴蜀之地。此时，刘邦帐下谋士张良为其献上一计：将关中平原到汉中盆地的唯一一条通道——褒斜栈道烧毁。

刘邦大吃一惊，如果将此栈道烧毁，不等于将自己困在巴蜀，无法出去了吗？张良却胸有成竹地说：“烧毁栈道，看似自毁退路，但同时也烧毁了各诸侯王的侵略之路，他们便不能轻易地攻到汉中来了。而且也彻底打消了项羽的防备之心，让他们认定我们再无东归之意。”

刘邦恍然大悟，此时自己和项羽兵力悬殊，实在无法与之对抗，所以这是自保之策啊！于是，刘邦按张良所说照办，将栈道烧毁。

而刘邦素有雄心大志，当然不想坐以待毙，他等待着与项羽的决战。刘邦封韩信为大将，让他训练大军，韩信很快就训练出一支勇猛有力的军队。

公元前 206 年，刘邦和韩信率领大军悄悄地离开南郑，叫丞相萧何留在那儿收税征粮，供应军饷。然后韩信下令，让樊哙和周勃带领一万人马去修栈道。

巴蜀地区地势险要，这栈道可不是那么好修的，然而栈道修不好，大军就无法过去，所以他们只能调集更多的民工，日夜赶工。

这栈道修的声势如此浩大，消息很快就传到项羽手下章邯的耳中，章邯驻守陈仓，此处与巴蜀紧密相连，所以他赶紧派人打听。当他听人回报后笑着说："这么浩大的工程，就算三年也完不成，我们无须担心。"

然而，没多久，突然章邯军中有人急报："汉王大军已经过了栈道夺去了陈仓，打过来了！"

章邯大惊，栈道还没有修好，汉军是怎么打过来的？

原来修栈道不过是刘邦的计谋，他和韩信早带着大军从不知名的小路出了汉中。这就是所谓的"明修栈道，暗度陈仓"。

因为章邯准备不足，很快就被韩信的大军打败了。汉军顺利占领了咸阳，为以后攻打项羽奠定了基础。

项羽一听火冒三丈，派大军围困刘邦，最终刘邦因为寡不敌众，被项羽围困在荥阳城内。但是后来刘邦利用离间之计，将项羽手下的大将和谋士赶走，终于从项羽的手中逃脱出来。

公元前 203 年，项羽和刘邦的军队在广武地区对峙。一次，汉王在阵前数落霸王的罪行，被霸王弓箭手射中。张良对汉王说："抓住楚军缺粮的机会，跟霸王讲和。"

于是，汉王派人向霸王建议楚汉双方以荥阳东南的鸿沟为界，鸿沟以东属楚，以西属汉，双方停战。霸王同意了，双方讲和。

其实这不过是刘邦的缓兵之计，不久，刘邦就背信弃义。刘邦采纳了张良、陈平的计策，派多路大军围困项羽于垓下，致使项羽兵败自杀。

**点评** 在楚汉之争中，刘邦和项羽的军队实力悬殊，刘邦的军队力量远比不上项羽。所以他不敢与项羽正面对抗，而是采用了“避实击虚”的谋略，利用计谋与项羽暗中较量。最后终于打败项羽，建立了汉朝的天下。

# 第七节　兵不厌诈——扭转乾坤

## 纸上谈兵

战国时期，诸侯国纷争不断。秦国攻打韩国的上党郡，韩王因为害怕，答应把上党郡割让给秦国，让其撤兵。然而上党郡的郡守却不想投降秦国，转而把这块地献给了赵国。

赵王也不是聪慧之人，根本不想后果，竟然欣然接受。眼看到嘴的肥肉转眼就进入别人口中，秦王大怒道：“什么？这你都敢接受？这不是公然与我为敌吗？打！”

于是立马将战争目标转向了赵国。就这样，赵国被硬生生地扯入了这场战争。

赵王此时还不以为然，打就打，怕什么？你有精兵，我也有良将，他派廉颇带兵前去迎战，双方军队相会于长平。

然而没有想到的是，这场战役中赵军并不占优势，屡战屡败，不但损兵折将，还失去了几座城池。

廉颇作战经验丰富，一看形势不好，便改变策略，以守为主。他命令赵军凭借山势之险，筑起森严的壁垒。秦军数次挑衅，廉颇均避而不战。

此次战役秦军亦是长途跋涉，如果一直僵持下去，粮草将无法供应，对他们也有害无利，但赵军高挂免战牌，这可如何是好？秦军心急如焚。于是，秦王就想出了一招反间计，他让人携带重金去贿赂赵王身边的人，让他们到处散布谣言，说廉颇已经老了、不中用了，因为害怕秦军才不敢出战，而秦国真正害怕的人是赵括，根本不是廉颇。

赵王这脑子本就不够灵光，一听到这些话，立马信以为真，心想：我说怎么几次催促廉颇出战，他都不肯，原来是害怕秦军啊！真是没用。好吧！既然你不行，那我就换别人来。

赵王将赵括找来，问道："听说你有很强的军事才能，你能不能打退秦军啊？"

赵括是何等人也？真本事不多，说大话一流。他凭借着父亲是赵国大将军而对兵法颇有研究，常常在和父亲讨论战术时将父亲堵得无话可说，所以他认为自己是天下第一，无人能及。其实他不过是纸上谈兵，没有半点实战经验。就这样的人，赵王竟然打算让他带兵打仗，还是一场大的战役。可见，他俩真是秉性相同啊！

赵括听赵王这么一问，顿时来了精神，觉得自己多年的纸上经验终于可以派上用场了，然后拍拍胸脯，信誓旦旦地说："如果秦军大将是白起的话，我还要思量一番。但是现在将军是王龁，他虽然能打败廉颇，却不是我的对手，我打败他轻而易举。"

就这样，赵王轻信了他的这番鬼话，不顾众人反对，毅然决定派他带军作战，替换廉颇。

赵括到军中以后，根本不考虑实际情况，立马改变了廉颇的方针和策略，主动出击秦国。

秦军一看赵国中计，在暗地偷笑，但是他们从未轻敌，为了保证战争的绝对胜利，他们偷偷将大将换成白起，却未对外泄露。

白起身经百战，他能征惯战、智勇双全，实战才能远在赵括之上。当赵括进攻秦国时，白起命令秦军假装战败溃退，赵括以为秦军不过是“纸老虎”，不假思索便果断追击，一直追到秦军的营垒，但秦军营垒固若金汤，无法攻破。

随后，白起带领一支骑兵截断赵军的后路，切断赵军的粮道，并让一支精锐部队向赵军发起猛烈进攻。此时赵括被秦军包围，他才发现中计，可是要想突围，难比登天，他只能就地建造壁垒，以防守为主。

赵军没有后备粮草，导致大批赵军被饿死，最后士兵们开始互相蚕食，惨不忍睹。在迫不得已之下，赵括带军突围，均被秦军乱箭击退，赵括也死于乱箭之下。一些士兵为了活命选择投降秦军，白起却没有给他们生还的机会，除了老弱年幼者，其余通通杀掉。

此次战役过后，赵国陷入艰难境地，从此一蹶不振，再也无法和秦国相抗衡。

**点评** 秦国利用反间计让赵国撤下大将廉颇，换成纸上谈兵的赵括，大败赵国。秦国胜在务实，以实战积累经验。此事启发后人，理论须与实践结合，不可空谈。脚踏实地才能在竞争中胜出。

## 重金买鹿

齐桓公坐上君主之位后，重用了管仲，这一决定可谓明智至极。管仲的确是不可多得的奇才，他不但有远大的军事谋略，更有独到的政治眼光。

在管仲面前，齐桓公从来不隐瞒自己的想法，他对管仲说："我就直说吧，我就是想成为霸主，到底该怎么做？"

管仲给他提了一系列的建议，齐桓公均一一采纳，齐国迅速由乱转治，由弱变强。待时机成熟，齐桓公开始攻打他国，在灭掉谭国和遂国之后，别的小国一看：齐国现在如此强大，识时务者为俊杰，我们也不能等死啊！打来打去不还是败吗？还是直接屈服得了。

所以他们都开始臣服于齐国，承认了齐王的霸主地位。但唯独楚国不识抬举，认为自己国力强盛，根本不怕齐国，所以一直与齐国叫板，时不时在边境骚扰一下齐国。这也难怪，人家的确就是有实力，齐国根本不敢随便出兵。

齐桓公为此头疼不已，他问管仲："这楚国欺人太甚，我想出兵直接把它灭了，可是又怕实力不够。这仗到底是打还是不打？"

管仲想：哎！我就等你问这句话呢，计策我早就想好了。

但是还得先故作深沉，他说道："大王，楚国国力强盛，比齐国更胜一筹，如果出兵，我们必定吃亏。"

齐桓公着急地问："那该如何是好？总不能就这样忍气吞声吧。"

管仲安慰道："大王别急，我有一个计策，保证能让楚国臣服。大王尽管去收购楚国的鹿即可。"

齐桓公非常不解，我要的是打胜仗，要那么多鹿干吗？但是听完管仲的解释以后，顿时明白，不禁哈哈大笑。

于是，齐桓公在与楚国交界的边境设了一座小城，派商人专门到楚国去收鹿，并扬言道："齐桓公迷恋上了楚国的鹿，现在不惜重金收购。"

这鹿在楚国可是寻常之物，想找鹿还不简单？于是他们上山去捉。之后，管仲见楚国人已经中计，便故意将买鹿的价格一涨再涨。楚国人一看：呵！原来这鹿这么值钱，比粮食的价格可高多了，那还种庄稼干吗？干脆捉鹿去吧，有了钱还怕没有粮食吃吗？

一时间，楚国上下，不论是平民百姓还是官员士兵都跑到山上去捕鹿。没人再想着种地，所以土地大都荒废了，长了杂草。

楚国国君也是笨得出奇，根本不知这是计谋，他听说此事后，不禁开怀大笑，说道："以前卫懿公喜欢仙鹤，最后荒废政务，导致亡国。现在齐桓公同样玩物丧志，看来离亡国也不远了。尽管让他们去买鹿吧，反正我有钱就够了。"

与此同时，管仲也没闲着，他偷偷派人去楚国购买粮食，几乎将楚国的囤粮买空了。

等过了农忙的季节，管仲觉得差不多了，便下令封锁楚国和齐国的边境，并派兵截断了其他国家通往楚国的粮食通道。

楚国人因为捉鹿耽误了农时，国内的粮食又大部分被齐国买走，百姓们没有吃的，只能忍饥挨饿。与其饿死，不如去抢，抢到多少是多少，还是保命要紧，所以楚国到处出现烧杀抢夺的现象，还有一大批难民跑到齐国边境。

此时管仲让齐桓公将边境通道打开，并将粮食运送到边境地区。他对楚国的难民说："你们楚王昏庸无能，让你们饿了肚子，不过只要你们投奔我们齐国，就会有吃不完的粮食。"

于是楚国大批难民涌入齐国，导致楚国国力衰微，一蹶不振。没多久，楚国就向齐国屈服了，齐桓公也成为各诸侯国都认可的霸主。

**点评** 齐桓公要想确立霸主地位，必须让所有诸侯国心服口服，而在战乱时期，武力让他国臣服是主要策略。但是面对实力比自己强大的楚国，齐桓公有些不知所措，幸好采用了管仲重金买鹿的策略，不动一兵一卒，便让楚国甘心屈从。

## 挑拨离间

在楚汉之争中，有一次刘邦被项羽围困在荥阳城内达一年之久，导致外面的粮草无法运送进城，而城内的粮食眼看就要吃完了。刘邦焦急万分，再这样下去就算不战死，也会被饿死。

于是，刘邦找到陈平，陈平知道项羽猜忌多疑，所以就想出一招离间计。钟离眜和范增是项羽手下最重要的两个人物，如果能将这两人除掉，荥阳之围指定可解。

说办就办，陈平立马让刘邦从仓库里拿出大量黄金，买通了项羽手下的一些将领，让他们到处散布谣言，说："在项羽的部下里，范增和钟离眜的功劳最大，可是却无法自立为王，所以他们心怀不满。其实他俩早已经和汉王商量好了，要联手将项羽消灭，然后分占项羽的国土。"

项羽本就有勇无谋，当这些话传到他耳中时，他气得脸都绿了，心想：亏得我平时对他俩这么信任，原来他们各怀私心呀！还好被我知道了，否则我被他们卖了都不知道啊！

于是项羽开始疏远钟离眜，重要的事情也不再和他商量。钟离眜本是项羽手下最大的将领，结果受到项羽的猜疑，心中别提有多郁闷了，但又无计可施。

刘邦见项羽中计，高兴得不知如何是好，他想：看来项羽这个榆木脑袋还需要多历练啊。

接下来就是对付范增了，陈平当然也有十足的把握。

一天，项羽派使者到刘邦营中商量事宜，陈平故意把使者安排在一个精致的房间里，并为他准备了精美的餐具，还把他请到上座。陈平不停地向使者询问范增的近况如何，然后靠近使者低声问道："范增有什么吩咐吗？”

使者不懂他的意思，就说道：“我是项羽派来的，不是范增派来的。”

陈平故作吃惊地说：“哦，原来是这样，我还以为你是范增派来的呢。”

随后，陈平出去了，并让手下的人将使者换到一个简陋的房间中，撤掉精美的餐具，用粗茶淡饭招待他。

使者感觉受到了莫大的羞辱，非常生气，回去以后就把事情原原本本地告诉了项羽。项羽一听，火冒三丈，此时他更加确信范增背叛了他。之后，范增再向项羽提议，项羽都置之不理。

后来范增了解了实情，知道项羽受到刘邦一方的挑拨，百口莫辩，于是向项羽辞行，告老还乡。

项羽并未挽留，直接让他走了。范增一片赤诚之心，哪受得了这种委屈和冤枉？心里气愤不已，再加上年事已高，在回家途中便病倒了，很快就撒手人寰。

就这样，陈平一个小小的计谋就轻而易举地清除了项羽身边的两大重要人物，为刘邦的突围扫除了一大障碍。之后，刘邦顺利逃出荥阳。

**点评** 刘邦在处境危难之时，知道与项羽针锋相对已经没有活路，所以采用了陈平的离间之计，很快让项羽失去了左膀右臂。阴谋诡计虽然令人厌恶，但是在关键时期该用则用，它也代表了一种智慧。

# 第八节　顾全大局——刚柔并济

## 软硬兼施治贪官

在历史上，每个朝代都会出现贪官污吏，清朝也不例外。雍正即位后，发现国库亏空严重，于是下令进行彻查，这一查不要紧，几乎所有的官员都卷入其中。

雍正帝气急败坏，国家养着大批官员原本是让他们为国家办事的，想不到现在他们竟然把国库都给搬空了。这还得了，必须严办。所以导致一大批官员被革职抄家。

雍正知道，这些官员贪污受贿，无非想为子孙后代多积累家产，让他们无后顾之忧。所以他对贪污的官员进行追赔，让他们把贪污的钱全部吐出来。

比如山东仓谷案：康熙在位期间，山东利用八年时间，以存贮粮食为名，累计收银二百四十多万两。这些银子本来应该用来购买谷物，但结果却是实际用于购买粮食的银两仅仅为九十三万两，其余的全部被各级官员私分。其中山东巡抚蒋陈锡和登州知府李元龙分得最多。

然而在对李元龙进行严惩时，雍正说：“李元龙家资数百万，却仍在贪污，罪不可恕，但是不至于被诛杀。就让他把银子拿出来养山东百姓吧。”

一味的刚猛也无法治理好国家，还得有软的手段，才能从根本上解决问题。

清朝时期，官员们薪资很低。康熙初期，有一位御史曾向皇帝反映：如今一知县，每月俸禄仅三两，全家老小只能粗茶淡饭。有些贪污的县官，起初仅仅是想改善家人生活，应对官场应酬，后来越贪越多，索性做个贪官。由此导致贪污现象兴起，之后愈演愈烈。

雍正对此也有所耳闻：是啊！人家在朝为官，总得养活一家老小，如果每天粗茶淡饭，甚至都不够开销，那这个官做的还有啥意思？

于是，雍正让各地官员上报俸禄，对各级官员的收入有了大概的了解。他发现官员的收入的确不高，很容易造成生活困难。针对这一情况，雍正打算实行耗羡归公，也就是将各地多征收出来的税全部归于中央，然后中央再统一分配这些银子。

耗羡归公后，地方官失去了一项生财之道，为防止他们贪污，雍正决定按官职高低等，向官员发放一笔丰厚的生活补助费，而这些补助费足够官员们过上体面的生活了。

这样，一部分耗羡归了国家，填充国库；另一部分则又发放给了各地官员。

但是地方官员的俸禄解决了，京官却无税可收啊，他们总不能比地方官员的俸禄还少吧？于是雍正就给他们统一涨了工资，这样就彻底解决了官员俸禄过少的问题。

在雍正的新政之下，国家的经济问题和官场风气确实得到了很大的改善。各地官员不敢再收受贿赂，甚至连土特产都不敢收下。

对那些心怀侥幸的官员，雍正一经发现，必予以严厉惩处。

**点评** 历史上的贪官并不少见，但究其原因还是和皇上的执政方式有分不开的关系。雍正面对官员贪污受贿的现象，并未一味强硬制止，而是找到原因，从根源上解决问题。软硬兼施，刚柔并济，让官员不敢再有非分之想，此法不失为各位君王效仿的典范。

## 李世民怒斥骄臣

尉迟敬德是李世民手下的一员猛将，他跟随李世民南征北战，屡建奇功，无人能及。

李渊称帝后，太子李建成曾经拉拢尉迟敬德，想让其帮助自己顺利取得皇位。但是尉迟敬德因感谢李世民的知遇之恩，果断拒绝了李建成的邀请。李世民得知后大为感动。

在玄武门之变中，尉迟敬德不断劝李世民先发制人，铲除祸患，还帮忙射杀李元吉，为李世民夺取最后的胜利立下了大功。后来论功行赏的时候，尉迟敬德功居第一。

李世民登上皇位后，一直牢记尉迟敬德的恩德，给予了他大量赏赐，并授予他右武侯大将军的头衔，赐予吴国公爵位。

此时，随着军功越来越大，尉迟敬德开始居功自满，他一直以为自己在朝中功劳最大，无人能比，所以在众臣面前飞扬跋扈，总是喜欢揭发别人的短处，每当发现长孙无忌、房玄龄、杜如晦等人的过失，必然不讲情面直言指责，因此他与朝中大臣多有不和。

有一次，李世民大摆酒宴，宴请朝中官员。有人坐在了尉迟敬德的前边，他愤怒地说："你有什么功劳，配坐在我的上席？"

李道宗虽然坐在他的下位，但为了缓解尴尬，赶紧向尉迟敬德解释。尉迟敬德不但不听，反手就给了李道宗一拳，嘴里还不住地指责道："你不知道自己的地位吗？为什么要反驳我说的话？"

尉迟敬德作为一员武将，力大无穷，他这一拳直接打在了李道宗的眼睛上，导致李道宗的眼睛差点儿瞎掉。

李世民见尉迟敬德如此猖狂，大声怒斥道："作为朝中大员，你怎么能如此过分？我读《汉书》，发现汉高祖刘邦的功臣大都不能保全自己，当初还怪汉高祖不知感恩。所以，我登基后一直保全功臣，让你们能够安然度日。但是你做了高官之后不断触犯国法，我终于明白为什么韩信等人会被诛杀，这不是汉高祖的错啊。治理国家最重要的就是奖罚分明。分外的恩惠不能给予太多，你们要严格要求自己，别到时候让自己后悔。"

尉迟敬德听到这话，心生忌惮，他开始收敛自己的言行，变得小心谨慎。

有一次，李世民对尉迟敬德说："有人说你谋反，为什么呢？"

尉迟敬德十分愤怒地说道："臣确实谋反！臣跟随陛下征伐四方，身经百战，如今身上留下的都是刀锋箭头的痕迹。如今天下已经安定，便开始怀疑我要谋反吗？"

然后脱下衣服，展示身上的伤疤。李世民见此流下眼泪说："你穿上衣服，朕丝毫不怀疑你，所以才跟你这么说，何必这么恼怒呢？"

几年之后，尉迟敬德上书请求回家养老。在家期间，安分守己，不跟外人交往达十六年之久，直至去世。

**点评** 尉迟敬德为李世民称帝立下了汗马功劳，导致后来居功自傲，行事嚣张，如果不是李世民的庇护恐怕早已身首异处。至于说其谋反，李世民不过是旁敲侧击，给其警醒，可谓恩威并济。尉迟敬德后来辞官回家，闭门不出，也算是一种醒悟。

## 度田令

刘秀是东汉的开国皇帝，他历经十三年的艰苦战争，终于建立了东汉王朝。然而当刘秀登上中央政权的宝座时，却发现自己面临着一个棘手的问题——土地兼并和户口管控。

这一问题在西汉末年就开始显现，地方豪强借助自身强大的经济实力和宗族势力，疯狂兼并土地，不断扩张自己的势力。

同时，他们还通过隐匿户口的手段，逃避政府的税赋和徭役管控。

这不仅使得中央政权难以掌握百姓的实际状况，也使得财政收入大幅缩水，严重影响了国家的经济收入。

刘秀知道，必须彻底解决这一问题，才能使政权得到稳固。于是，在深思熟虑之后，他果断下诏实施了“度田令”。

“度田令”就是对全国的土地和户口进行彻底清查，以利于国家对百姓的管控。

然而，这个政策一出，就立即遭到了地方豪强的疯狂抵制。有些豪强势力庞大，将大量土地和人口牢牢掌握在自己手中，他们当然不允许别人动他们的利益。因此，各地开始爆发武装起义。

这一情况在刘秀的故乡河南更为严重，这些豪强仗着与刘秀有着亲戚关系，在地方上横行霸道。他们不仅公开反对度田，还与地方官府勾结，隐瞒实情，致使统计数据严重失真。

面对各地的反抗，刘秀知道强制镇压并不现实，如果弄不好很可能影响到东汉的江山。于是，刘秀开始采取“刚柔并济”的手段。

刘秀一方面下令，将罪行严重的河南尹张伋及十几个郡太守抓捕归案，下狱处死。

当时南郡太守刘隆，不仅是刘氏宗亲，还曾长期跟随刘秀南征北战，出生入死。他照样因此事受到惩罚，被捕下狱。后来刘秀念其为开国功臣，免于一死，却将其剥夺爵位和官职，贬为庶民。

这一行为让一些豪强心生恐惧，开始有所收敛。

另一方面，刘秀又派遣使者下到郡国，传达朝廷命令，让盗贼们互相检举攻击,如果五个人共同斩杀一个人,就可以免除他们的罪,以便快速瓦解群盗内部。

并且,对于那些地方官员在所辖界内有盗贼而不拘捕,或因畏惧、懦弱弃城,放弃职责的,全都不予处罚,皆给予免罪,以捕获盗贼的多少来将功补过。但是如果窝藏盗贼则罪加一等。这样就大大调动了他们平乱的积极性,地方官员纷纷抓贼平叛。

除此之外,刘秀还将一些固执的豪强地主迁徙至其他地方。这相当于剥夺了他们在故乡的一切权势和财富,使他们无法再危害中央政权。虽然这一做法难免引起争议,但毕竟比简单杀戮要温和得多。

在这一系列的措施下,度田令终于得以推行,并且取得了很大的成效。

在度田完成后,全国的垦田和人口数量都有了大幅增加,社会生产秩序也得到了有效恢复。可以说,这为东汉后期的“明章之治”奠定了坚实的基础。

**点评** 度田令的实施直接触动了地方豪强的利益,引起了地方豪强的强烈反抗。刘秀并未一味镇压,而是采取软硬兼施的方法,既维护了中央的威慑力,又巧妙地分化和安抚这些势力,避免了矛盾的激化,由此显示出了刘秀的宽容和智慧。

# 智德篇

# 第一节　知人善任——任人为能

## 朱元璋请宋濂

朱元璋夺取天下期间，手下集合了大批有识之士，他深知招揽人才的重要性，所以经常让手下为其推荐人才。

一次，朱元璋身边的谋士李善长向他推荐了一位博学多才的人——宋濂。

宋濂自幼学识渊博，酷爱读书。在元朝时期他就已经声名远扬，皇上曾下诏命其入翰林院，但是他早已看透了官场的腐败，便以家中老人年迈为由，果断拒绝了。后来，朝中又多次派人邀请宋濂，宋濂实在无可拒绝的理由，就干脆上山当了道士。

其实这“道士”的身份不过是一个幌子，实际上他在著书立说，传授知识。他每次讲课，下边都座无虚席，甚至很多学生从几百公里外赶到书院，只为了听宋濂讲课。

宋濂忠厚正直，生活简朴，不贪图荣华富贵，受到很多学生的尊重。朱元璋听说后，立刻派人去请，然而当时宋濂对朱元璋的军队并不了解，所以拒绝了他的邀请。

朱元璋并没有因此放弃，为了表示诚意，他决定亲自走一趟。但是自己不过是一介武夫，恐怕礼节不周，如果处理不当，闹出误会，就适得其反了。于是，朱元璋想到一个好的计策，他带上了自己的儿子朱标，以“为朱标寻找老师”为名前往。

刚见到宋濂，朱元璋就让朱标下跪行礼。朱元璋也毫不掩饰，开门见山地说出了自己的请求。

宋濂看朱元璋亲自前来，有些吃惊，并且听说要他给朱标当老师，心里颇为感动。

虽然此时朱元璋还没有登基做皇帝，但是从形势来看，天下非他莫属，那朱标就是未来的太子了。朱元璋把培养未来太子的重任交给宋濂，可见朱元璋对他是极度重视。

但是培养太子可不是一件容易的事，如果朱标不听话，到底该训斥还是纵容？这让宋濂左右为难。

于是宋濂想再次试探一下朱元璋的诚意。他问道：“你的儿子如果日后不好管教，可以打吗？”

朱元璋毫不犹豫地答道：“打不死即可。”

听到这话，宋濂颇为感动，一颗悬着的心也终于放了下来。他看出了朱元璋是一个真正尊师重道的人，于是就答应了下来。

朱元璋对宋濂寄予厚望，他希望宋濂不仅能够教授朱标文化知识，更要培养他仁爱民众、勤学致用的品格。宋濂也不负众望，不但对朱标倾囊相授，把朱标教育得儒雅谦逊、知书达理，还为后来明朝的发展做出了不朽的贡献。

点评 朱元璋是大明王朝的建立者，他能从底层走上皇帝之位，定有出色的识人之术和用人之法。当他听说宋濂的才学过人后，便屈尊去请。为了打动宋濂，他还给其加以“太子”老师的头衔，遂让宋濂深受感动，自愿出山。

## 魏文侯慕名请三贤

魏文侯刚刚当上国君之后，为了让魏国快速发展强大起来，开始招贤纳士。

魏文侯听说子夏是一个非常有才能的人，便亲自邀请他出山辅助魏国。当时子夏已经是高龄老人，根本做不了多少事了，魏文侯依然拜其为师，向他学习治国之道。子夏被魏文侯的诚意深深打动，不辞辛苦地把家搬到魏国西河，并将这里作为培养人才的基地。

子夏到西河后，人们对他十分敬仰，很多士人尾随而来，魏国也从此人才会集，学风浓厚起来。

魏文侯也对子夏恭敬有礼，对于他的告诫，都认真听从。

段干木是子夏的徒弟，他不仅学识渊博，而且品行高尚。魏文侯也曾亲自上门去邀请，然而段干木根本无心从政，每次听说魏文侯来了，就会翻墙逃跑，以避开与他见面。

魏文侯不但没有生气，反而更加敬重他。为了表达对段干木的尊敬之意，之后每次魏文侯路过段干木家门时，都会从车上站起来致敬。

魏文侯的侍从对他的行为很不理解，魏文侯便解释道："段干木面对权势也不改变自己的节操，这是君子之道。隐居在贫穷的里巷，却贤名远扬，我怎敢不对他表示敬意呢？我因为国土而荣耀，他却因为德行而荣耀，相比之下，我不如他啊，所以我需要向他学习！"

后来段干木终于被魏文侯礼贤下士的行为感动，出来为魏文侯效力。魏文侯对段干木同样非常尊敬，每次听他讲课，听很久很累也不休息一下。

田子方是孔子的再传弟子，他颇负盛名，能够理论联系实际。魏文侯便慕名上门，诚恳地聘他为老师，并且以礼相待。

有一次，魏文侯邀田子方赴宴，席间，乐人奏出的钟乐左右声音高低不同，魏文侯便因此斥责了他们。田子方却认为魏文侯不应该把心思放在纠正这些无关紧要的小事上，于是当即批评了魏文侯的行为，并说道："君王如今对声乐这些琐碎之事这么仔细，我担心您在朝廷之上就不会这么认真了啊！"

魏文侯听后，虚心地接受了田子方的意见。

子夏、段干木和田子方三人以贤德闻名于诸侯之间，所以被后世称为"河东三贤"。在"河东三贤"的合力辅佐下，魏国很快就成为当时最强盛的国家。

除此之外，田子方的很多好朋友，如吴起、乐羊、西门豹、李悝等，他们在得知魏文侯礼贤下士后，也纷纷前来投奔。魏文侯都给予了合适的职位，让他们人尽其才。

秦国曾经想对魏国用兵，有大臣对秦王说：“魏国国君非常尊敬人才，崇德尚礼，所以魏国人才云集。像这样的国家，恐怕不是能用武力可以征服的吧！”

秦国国君觉得有道理，于是打消了用兵的念头，多年不敢侵扰魏国。

**点评** 魏文侯身为一国之君，放下身段，慕名邀请“河东三贤”出山，并拜他们为师，向他们虚心请教，听从他们的教诲。正因为魏文侯不拘一格降人才，根据各人特长善用人才，才使魏国快速发展壮大，繁荣一时。

## 吴王重用孙武

春秋时期，吴王阖闾想要攻打楚国，但是手下没有得力的干将。伍子胥对吴王说孙武治军严明，精通兵法，定能担当重任，于是吴王派伍子胥将孙武请来。

吴王见到孙武，想让他演习兵法，可是一时没办法集合太多军队，吴王就问：“可否让宫中的宫女加入演练？”

孙武对吴王说：“女人我也可以将其训练得如男子一样勇猛。”

吴王便在宫中召集百八名宫女，由他的两个爱姬带队，让孙武带到校场操练。吴王就坐在台上观看。

只见孙武将百八名宫女分成两队，让她们戴盔穿甲，手持武器，并耐心地教她们步法、列队以及听鼓点进退等基本要领。

最初宫女们觉得非常新奇,都在认真听着,后来就慢慢散漫下来,在一起嘻嘻哈哈,不当回事。

孙武下令队伍全体卧倒,然后宣布:“大家听好鼓声,一鼓全体起立;二鼓一队左转弯,二队右转弯;三鼓两队挺剑作战。”

为了严明纪律,孙武让人将斧子等兵器摆在宫廷当中,再次强调:“如果谁不听号令,就要受到军法的处分。”

接着,孙武把手一挥,鼓手立马敲响了第一声鼓。但是有些宫女听到鼓声,仍然坐在地上不动,有人勉勉强强站起来,站得七扭八歪。

孙武见了,再重申了一遍命令和纪律,并且亲自跑去击鼓。

待孙武击鼓完毕,仍然有一些宫女在那儿捂嘴发笑,那两个带队的妃子同样哈哈大笑。

孙武大怒,对她们呵斥道:“之前我没有把号令讲清楚,是我的责任。现在号令已经说得一清二楚,你们却不照办,那就是你们的责任了。根据军法应该处罚你们的队长。”说完他就要将两个妃子斩首。

吴王见状赶紧拦住孙武,说道:“我知道你练兵的本领了。这两位是我最喜欢的妃子,请将军赦免了她们吧。”

孙武却说:“我已经接受了大王的命令,当了主将,将在外君命有所不受。”

他毅然将两个妃子杀了。在场的宫女都看傻眼了，没有人再敢不听号令。孙武再次选了两个领队，接着训练队伍，这次队伍进退自如，往来有序，俨然是一支很有战斗力的军队了。

吴王见孙武不顾自己说情，杀了他的两个爱妃，心里很不高兴，就想治孙武的罪。

此时在一旁的伍子胥说道："大王，一个好的将军必须执法如山，不讲情面，这样才能训练出强有力的军队。再说，两个美女很容易得到，但是一个良将却不好寻找啊！"

吴王听了伍子胥的话，觉得有理，便不再追究孙武的过错，还拜孙武为将军，统率吴国的军队。

后来，孙武率领六万大军伐楚，最终攻下了楚国的郢都。

**点评** 吴王知道孙武治军严明，所以将他请来为自己训练军队。可是当孙武的严明和吴王的利益发生冲突时，吴王只能忍痛割爱，选择了孙武。正因为吴王放权于孙武，孙武才为吴国打造了一支强大有力的军队，并使吴国在对楚的战争中取得了胜利。

# 第二节　不拘一格——破格提拔

## 太武帝虚心纳谏

古弼是北魏名将，素以刚正不阿、正直敢谏而闻名。他一生服侍四代君主，尤其受到明元帝拓跋嗣及太武帝拓跋焘的赏识。

有一年，太武帝大阅兵，阅兵完毕想借机在黄河附近狩猎，却让古弼在京城留守。太武帝下令把膘肥体壮的马匹调来参与阅兵，古弼却未按皇上的命令照办，而是给他换成了瘦弱的马匹。

太武帝得知后，气得暴跳如雷，说："这个不知死活的奴才，竟敢限制我。等我回朝之后，首先要杀了他。"

古弼的属官听皇上这么说，都吓得心惊胆战，生怕皇上真的将古弼诛杀，而牵连到自己，于是纷纷向古弼寻求解决之策。古弼却毫无惧色，一脸淡定地说："我做的没错，我不过是不想让皇上狩猎，防止他游玩过度，这本就不是什么大罪。但是如果不预防外敌，使贼寇趁虚而入，那罪过才大呢。如今北方的游牧民族还很强大，南方的贼寇也未全部消灭，他们都在觊觎我们的国家，想趁机入侵，这才是我们所应该忧虑的。强壮的马是用来打仗的，不是用来游玩的，我这是在为国家的长治久安做长久打算。如果我的初心是为了国家社稷，即使被杀又有什么可害怕的呢？英明的君主会听从别人的劝说，即使皇上想杀我也是我自己的罪过，与你们无关。”

这话传到太武帝耳中，太武帝非常佩服古弼的精明睿智，不禁赞叹道：“这样的臣子，真是国家的珍宝啊！”

等皇上回宫，不但没有追究古弼的换马之过，还给了他一些赏赐。

还有一次，太武帝在山北狩猎完毕，捕获了大量麋鹿，足足有几千头。看着自己的胜利果实，皇上高兴地赶紧下令，让尚书调发五百辆牛车过来，将这些麋鹿运回皇宫。但是诏书刚送出去，皇上不禁又变得忧虑重重，他对随从说：“唉！我想古弼是不会给我车的，他怎么可能调用那么多车给我游乐用呢？算了，我还是用马匹运输吧，否则这些鹿是回不到皇宫了。”

于是，皇上命人将麋鹿放置于马上，开始往京城方向走。皇上在回京途中收到了古弼的回奏，上面写道：“如今正是秋季庄稼成熟之时，麻菽遍布田野，每日有猪鹿偷吃，鸟雁侵扰，再加风吹落地，早收和晚收会导致粮食收入差出三倍，祈求皇上宽恕，暂缓运输麋鹿，将牛车赐予百姓，让他们先将庄稼收割运输。”

太武帝看后微微一笑，说道：“果然如我所预测，古弼真可以说是国家的重臣啊。”

太武帝在位期间，曾“威服四夷”，朝政清明，不得不说古弼的辅佐起到了很大的作用。

**点评** 古弼性格刚烈，每次都是以顾全大局为主，不以满足皇上私欲为己任，由此深得太武帝的喜爱。虽然古弼也曾因为一些小事而犯错，但是皇帝念其正直忠诚，也并无追究。太武帝懂得用人之长，所以保证了国泰民安。

## 赵王唯才是用

蔺相如是战国时期赵国人。他聪明睿智，有勇有谋，遂被赵王重用。

赵惠文王时期，赵国得到一块和氏璧。秦昭襄王听说以后，就派人给赵王送信，说："秦国愿拿十五座城池换这块宝玉。"

赵王便找来群臣商议，众人知道秦国向来不讲信用，如果将宝玉给了他们，恐怕也不会得到十五座城池；但是如果不给，又怕秦国以此为理由派兵攻赵，而秦国兵力强大，赵国也难以抵挡。

正在大家愁眉苦脸之时，宦者令缪贤向赵王推荐了自己的门客蔺相如，说："蔺相如是个有勇有谋的人，可以让他跟随大王前去秦国。"

于是，赵王召见了蔺相如，问其解决之策。蔺相如说："如今，秦国强，赵国弱，我们不能不答应他的要求，否则必定会给赵国带来祸患。"

赵王问："那如果秦国不给十五座城池怎么办？"

蔺相如说："大王如果信得过微臣，臣愿捧护宝璧前往秦国。

如果城邑归属赵国了，就把宝璧留给秦国；若城邑不能归赵国，我一定把和氏璧完好地带回来。”

赵惠文王便派遣蔺相如带好和氏璧，西行入秦。

到了秦国以后，蔺相如受到秦昭襄王的接见。蔺相如将和氏璧交给秦昭襄王看，秦昭襄王大喜，并将璧传给左右观看。

蔺相如见秦昭襄王没有提城池的意思，便上前说道：“大王，这个璧有一些微小的瑕疵，请大王允许我指给您看。”

于是，秦昭襄王就将璧交回蔺相如手上。只见蔺相如拿到璧，后退几步，将身子倚靠在柱子上，十分愤怒地说道：“大王派人送信给赵王，希望得到这块宝璧，但是赵国群臣并不想送出。然而赵王认为做人不能不讲信用，于是还是让我将此璧带来。但是，刚才大王看到了宝璧，却不提城池的事，想来大王是无意交换，那我只好将璧收回。如果大王强迫夺走，我将与此璧同归于尽。”

接着，蔺相如做出要撞向旁边柱子的动作。秦昭襄王一看，吓得出了一身冷汗，他怕和氏璧真的被损坏，就赶紧派人将地图拿来，指明要割给赵国的城池的位置。

蔺相如认为秦国有诈，并不诚心，又说道：“当初赵王为了送出和氏璧，斋戒五日，以示诚意。如今大王想要和氏璧，也应以礼相待，斋戒五日。并且在殿堂上安排九宾大典，我才敢献上宝璧。”

秦昭襄王看蔺相如态度强硬，只好答应了。待蔺相如回到舍馆，便派人偷偷将和氏璧送回了赵国。

五日之后，秦昭襄王再次召见蔺相如，蔺相如说：“秦国几代君王，素来不爱遵守盟约。我实在怕被大王欺骗而对不起赵王，所以已经派人将宝璧送回赵国。如今秦强赵弱，只要大王先将城池割让给赵国，赵国必定会再次奉上和氏璧。”

秦昭襄王听完，都要气炸了，令人将蔺相如拉下去，准备将其杀掉。但等秦王稍微冷静下来后说道：“就算杀了蔺相如也换不回和氏璧了，反而破坏了秦赵两国的交情，不如趁此好好款待他，放他回到赵国。赵惠文王难道会为了一块璧玉的缘故而欺骗秦国吗？”

于是，蔺相如安然无恙地回到赵国。蔺相如身为使臣不受诸侯的欺辱，被赵王封为上大夫。秦国没有把城邑给赵国，赵国也始终不给秦国和氏璧。

**点评** 蔺相如本是一个门客，结果被人推荐，替赵王出使秦国。在顺利完成使命以后，赵王果断提拔其为上大夫。后来，因为屡次立功，被赵王提拔为上卿，与大将廉颇同列。赵王不计出身，用人所长，值得称赞。

## 汉宣帝识才录用

张敞是汉朝的一个官员，他是一个治理盗贼的高手。

张敞做山阳太守时，因为治盗有方而声名大噪。后来，被汉宣帝提拔为京兆尹，管理京城的治安。

京兆尹一职听上去风光无限，然而实际上非常难做。这里人员非常复杂，既有皇亲国戚、豪强地主，又有地痞流氓。没准哪个盗贼或罪犯就和皇上沾着点亲戚关系，导致官员不敢随便对他们进行惩罚。

但是天子脚下，也绝不能让歹人胡作非为。如果治安太过混乱，触怒皇上，轻则官职不保，重则脑袋搬家。

之前的几届京兆尹都因为管理不善而被革职，皇上素闻张敞治贼手段高强，遂将其调入京城。

张敞到任后，先对盗贼的背景及其情况进行了调查。他了解到，长安城里的强盗头目，其实都是城里的一些富家大户，他们外表忠厚，进进出出同样有奴仆跟随，看上去和普通的富户没有什么区别。街坊邻居都不知道他们的恶劣行径。

但是这些富户大都有背景，不可轻易得罪，所以张敞只能采用怀柔的方式对待。于是张敞让人收集了一份强盗头目的名单，并将他们都召进府衙中，对他们为非作歹的行径进行了揭露和训斥。

这些盗贼听得冷汗直流，本以为坏事做得天衣无缝，无人知晓，想不到眼前这位大人却对他们的行为了如指掌。如今落到官府手中，定是凶多吉少。

然而意想不到的是，张敞在斥责完他们之后，话锋一转，说道："虽然你们之前做尽坏事，我完全可以将你们治罪，但是今天我们既往不咎，过往一笔勾销。不过我有一个要求：你们帮我抓住其他盗贼，即可立功赎罪。"

这些强盗头目一听可以戴罪立功，高兴得不知如何是好，赶紧连连答应。他们都是习惯享福的人，谁想因为犯罪进监狱受罪？至于那些同伙兄弟，也顾不上什么哥们义气了，还是自保要紧。

不过其中一个头目说道："今天大人召我们来见，定会引起兄弟们的怀疑，我希望大人给我们个一官半职，才好让兄弟们相信。"

张敞同意了，还任命这几个强盗头目担任小吏。

强盗头目回到了自己家里，摆设酒宴，请手下的同伙前来庆贺。那些同伙不知是计，未加任何防范。他们看自己的"大哥"竟然做了捕贼的小吏，还以为有了保护伞，个个欣喜若狂，大肆痛饮一番。待他们喝醉了之后，盗贼头目按照和张敞约定好的，悄悄地在同伙的衣服上画下红色的记号，好等张敞的官差前来捉拿。

强盗们散席之后，都纷纷离开。而张敞的属下早就守在了巷道的出入口。官差们看到衣服上画有红色记号的，就把他们抓起来。就这样，张敞一天抓捕了几百名强盗。张敞把这些强盗都关进监狱，对他们严厉审问，很快依律对他们进行判刑。

从此以后，长安一带的偷盗就慢慢减少了，治安得到了很大改善。

**点评** 张敞是一个治理盗贼的能手，这事传到汉宣帝耳中，汉宣帝破格将他提拔为京兆尹，管理京城治安。果然，在张敞的一系列操作下，京城的盗贼很快被抓捕，治安变得平稳有序。这便是汉宣帝擅用人才的结果。

# 第三节　招聘猎头——信任授权

## 秦孝公重用商鞅

秦孝公在位期间，因为秦国地处偏僻，国势微弱，并不被其他诸侯国放在眼里。但是秦孝公却不甘心被人轻视，于是就到处招贴榜文招贤纳士，以发展秦国。

商鞅听到这一消息后果断前来投奔。在见到秦孝公之后，商鞅了解了秦孝公的诉求，于是和他大谈富国强兵之策。秦孝公见他谈得头头是道，大为赞赏，两人接连畅谈了数日。

经过商鞅的指点，秦孝公明白，秦国当时的法度并不利于国家的发展，于是打算变法强秦。但是多年遗留下来的习惯岂能说改就改？正如秦孝公所料，他意图变法的想法一出口，就受到了朝中众臣的反对。他们认为应该继续效仿之前的法制，不能更改，商鞅辩驳道："以前的朝代制度各不相同，应该去效法哪个朝代的古法呢？历代君王都各自顺应时势建立了法度，根据国家的具体情况制定了礼制……商汤、周武王称王于天下，并不是因为他们遵循了古代法度才兴盛起来的；殷朝和夏朝的灭亡，正是因为他们不肯改革旧的礼制才招致灭亡的。”

这一番话说得大臣们哑口无言，秦孝公听得拍手称赞。于是果断提升商鞅为左庶长，并将变法之事交给他。

商鞅在秦国先后实行了两次变法，第一次变法损害了一些贵族的利益。比如：没有军功的人不再享有祖上遗留下来的特权；而有军功的人，按照军功大小获得相应的奖赏和职位，这样一来，即使普通士兵建立军功也能拥有加官晋爵的机会，自然受到百姓们的大力支持。

但是那些没有军功的贵族却因此失去了特权。他们对商鞅恨之入骨，纷纷反对商鞅，并告到了秦孝公那里。秦孝公并未庇护他们，而是对闹事的大臣进行了处罚，并把商鞅提升为大良造。

新法在民间实行一年多的时间里，因为很多人无法遵守新法，导致百姓怨声载道。正好此时太子触犯了新法。商鞅说：“新法不能普遍实行，全都是因为上边的人无法遵守，太子犯法也不能赦免。”

但是太子是未来的君主，不能对其进行刑罚，所以只能对其老师进行惩罚，于是就在太子的老师脸上进行了刺字。从此以后，再也没有人敢随便触犯新法，秦国的百姓也更加心悦诚服。

新法推行了十几年，秦国出现了“夜不闭户，路不拾遗”的良好治安，山野盗贼也不再出现，百姓生活更加富足。在战场上，将士们个个奋勇当先，毫不退缩。

秦国逐渐成为战国七雄中最强大的诸侯国，并为以后秦统一天下打下了坚实的基础。

**点评** 商鞅实行的新法触动了很大一部分人的利益，但是依然能够在秦国实行多年，全仰仗了秦孝公的支持。秦孝公本着壮大秦国的目的，完全放权于商鞅，等于把国家命运交于他手上。可见其对商鞅的信任程度。

## 秦始皇放权用王翦

秦始皇在吞灭韩赵魏三国之后，接下来将目标转向楚国。因为之前的胜利，秦始皇过分高估了自己的实力，以为楚国也不过是小菜一碟，结果因为判断失误导致攻楚失败。

后来，秦始皇亲自去请王翦，并拜他为大将，让他率兵灭楚。王翦军事才能了得，他对秦始皇说："要想攻楚，必须给我六十万人马，否则我无法确保胜利。"

当时，六十万兵力几乎是秦国的全部兵力，如果王翦拥兵造反，那秦国就会立马覆灭。然而，秦始皇没有丝毫犹豫，马上答应了王翦的要求。

王翦也是精明之人，自然知道如何免去秦始皇的顾虑。在他率军出征之时，秦始皇亲自为其送行，王翦竟然提了一个令人意想不到的请求："大王，如果我这次取胜，还请大王多多赏赐我田地和财宝，老将快老不中用了，所以想趁现在还能打仗的时候为子孙多积累点家业，也好保证他们以后衣食无忧啊。"

秦始皇一听哈哈大笑，说道："看来你就想着赶紧打完胜仗，告老还乡呢。好好好，我应允了，只要你这次得胜归来，我定会重赏。"

待王翦出征，手下人问王翦："将军，你主动向秦王请赏，不觉得过分吗？"

王翦微微一笑："你们还是太年轻了。这次出征，我可是带了六十万兵马啊，秦王相当于将全国的兵力都交到我手上。他虽然是出于信任才敢这么做的，但是难道他就没有后顾之忧吗？不怕我带兵造反？所以为了不辜负秦王的一片诚心，我主动要求他给予我赏赐，就是告诉他，我打仗无非就是想为子孙积累一些家业，并无他心啊！"

楚王得知王翦带兵前来，就竭尽全国军队来抗拒秦兵，准备与秦军决一死战。然而王翦到达战场后，却不急于出兵，而是筑起坚固的营垒，守住城门，坚决不战。即使楚军屡次挑衅，秦军始终坚守不出。

王翦吩咐下去，让将士们好好休息，每天必须吃好喝好，别的不用操心。秦王虽远在咸阳，但是对前方战事了如指掌，他虽然对王翦坚守不战的原因不甚了解，但是并未起半点疑心。

其实，王翦并非无所事事，而是派人不间断地将粮草运到秦营。楚国人无法理解秦军的操作，随着时间越来越长，他们猜想：秦军原来不是来打仗的，不过是想在此驻军而已。

就这样，一年多的时间过去了，楚军逐渐放松了警惕，也变得更加懒惰懈怠。秦军却趁此时以排山倒海之势冲进楚军军营，楚军在毫无防备的情况下被打得四散奔逃。秦军一直打到了楚国国都，楚王被俘，楚国也随之灭亡。

在秦王统一六国的战争中，王翦立下了不朽的战功，成为秦国屡战屡胜的“神话”人物。

**点评** 秦始皇阴险狡诈、生性多疑，但是当王翦要取全国兵力去攻打楚国时，秦始皇果断放权，并未采取任何行动来限制王翦的权力。在王翦带兵过程中，同样，为了打消秦始皇的顾虑，王翦也做出了一些行动，不得不说二人都是聪慧之人。

## 秦穆公五张羊皮换贤才

百里奚饱读诗书，才学过人，后来经人介绍成为虞国的大夫。但是虞国国君非常愚昧，又爱贪图小便宜，被晋国灭亡。百里奚随之成为晋国的奴隶。

后来，秦国与晋国联姻，百里奚就被当作陪嫁的奴隶一同送给秦国。然而百里奚实在不想以奴隶的身份度过自己的余生，便在半路逃跑，一直跑到了楚国，在楚国过起了放羊的日子。

秦穆公早就听说百里奚是一名旷世奇才，就想重金求贤，但转念一想：“不行，这不是明确告诉别人百里奚是我所注重的人了吗？万一楚国不给怎么办？”

于是他就反其道而行之，只带了五张羊皮去了楚国，并以“缉拿逃奴”为由，将百里奚赎回，由此百里奚被人称为“五羖大夫”。

此时百里奚已经70多岁，本以为会继续在秦国以奴隶的身份生存，想不到却得到秦穆公的召见，秦穆公还和他谈起了国家大事。

百里奚惶恐万分，说道：“我是亡国之臣，哪里值得您来询问？”

秦穆公却说：“因为虞国国君不任用您，所以亡国了。这并不是您的罪过。”

百里奚听后感激涕零，遂与秦穆公讨论政事。他俩一连谈了三天，秦穆公认为百里奚眼光独到，见解非凡，所以封他为秦国的大夫，并把国家大事交给他来处理。

当时，秦国地处偏僻，比较弱小。百里奚就提出了一系列教化百姓、富国强兵的建议。

他首先以身作则，勤政爱民，劳累不坐车，酷热不打伞，走遍秦国，不用随从的车辆，不带武装防卫，深得秦国人民的信赖。对内，他提倡教化，开启民智，让百姓守秩序知礼节。对外，则主动结交国土相邻的晋国。有一年，晋国大旱，庄稼歉收，导致国内粮食缺乏，于是派人向秦国请求援助粮食。对于是否帮助晋国，秦穆公犹豫不定，后来在百里奚的建议下，秦国通过水道向晋国运送粮食，解决了晋国的危难。这举动让晋国百姓感激不尽。

后来，晋国国君去世，晋国发生内乱。百里奚辅佐秦穆公设法把晋国公子重耳接到秦国，并将重耳送回国为国君，史称晋文公。

后来，晋文公励精图治，成为霸主。之后为了感谢秦国的相助，开始联合秦国共同征伐曹国、卫国等。

很快，秦国就由一个偏隅的小国变成和晋国实力相当的强国，并确立了自己的霸主地位。

**点评** 到秦国之前，百里奚不过是一个奴隶，但是秦穆公打破了地位的界限，将其一下提拔为秦国的大夫，并予以重用。在秦国的发展方面，秦穆公多次听取百里奚的建议，所以才确立了自己的霸主地位。

# 第四节　鱼水深情——君臣同心

## 周公辅成王

周武王推翻了商朝，刚刚建国两年，便病故了。他的儿子姬诵才 13 岁，史称周成王。因为周成王年纪尚小，无法独自打理朝政，所以武王临终前便将自己的四弟周公叫到身边，希望他能够全心辅佐成王。

周公辅政后，为了稳定局面，采取了一系列的行政措施。他首先废除了从夏商一直遗留下来的由兄及弟继承王位的制度，而是改成了直接传位给嫡长子，其他的儿子只能分封诸侯。这一制度免去了王室内部许多争权夺利的悲剧发生，十分有利于巩固政权。

其次，周公又划定了王室奴隶主贵族的等级与特权，将他们分成天子、诸侯、卿、大夫、士五个等级层次，并对他们各自的服饰以及祭祀、会盟、宴饮等仪式做了规定。

周公为了巩固周王朝的奴隶主贵族统治，呕心沥血，兢兢业业。即使在吃饭时，他听到有人来报告事情，也会连忙将口中的饭吐出来，立刻与人交谈；在洗头时临时有事情要处理，便用手握着湿淋淋的头发先办公事。

即使如此，周公的做法还是招来了一些王室人员的疑忌。管叔是周公的三哥，他认为按照长幼尊卑的顺序，武王应该让他辅政才对，但是却将辅政之权交给了周公，所以一直心怀不满。

当他看到周公事无巨细，权力独揽时，就怀疑周公有取代幼主的心思。于是他便联络了两个小兄弟蔡叔和霍叔，一面在朝中散布周公独揽大权，马上要发动政变夺取王位的谣言；一面又和武庚勾结起来，怂恿他起兵反叛，想以此逼周公下台。

当时15岁的成王并无多少分辨是非的能力，对于谣言半信半疑。周公见此非常焦急，他立刻为成王举行了“冠礼”仪式，让其亲政，并将手中的权力交给太公望和召公奭，自己离开了镐京，回到自己的封地。

但是周公离开京城没过多久，武庚就和东夷的一些部落开始密切往来，对王位蠢蠢欲动。对此，管叔无动于衷，根本不加制止。此时，成王才知道管叔和武庚等人的阴谋，于是赶紧将周公召回，应付眼前危急的局势。

而周公一心为国，即使离开京城，也没有放松对管叔等人的警惕。他暗中掌握了管叔煽动武庚组织叛乱的证据。回到京城后，立马率军讨伐武庚，终于将叛贼一网打尽。

经过此事后，成王终于知道了周公的一片忠心，对其再无怀疑。周公继续辅佐成王，在其辅佐期间，周朝的文治武功盛极一时。

周成王20岁那年，周公就将权力全部移交给了成王。在还政前，周公作了一篇文章，以殷商的灭亡为前车之鉴，告诫成王要知道劳动的辛苦，不要纵情于声色、安逸、游玩和田猎。即使退位后，周公也没有完全放手，仍然时时对成王提出告诫。成王也听从周公的劝诫，一直规范自己的行为。

**点评** 周公作为辅政大臣，虽然对国家政务大权独揽，却一心辅佐成王，忠心不贰。成王年幼，难辨真伪，难免受到他人的蛊惑，但是当他知道自己做错时，懂得及时改正错误，起用周公。正是君臣的互相协作，才成就了周朝盛极一时的景象。

## 晋武帝哭羊祜

羊祜是西晋时期杰出的军事家、政治家，其具有非常卓越的军事才能，在战场上屡建奇功。

晋武帝司马炎称帝以后，一直有吞并吴国之志，他便命羊祜坐镇襄阳，监管荆州军事等诸多事宜。

羊祜到任后，发现荆州的形势并不稳固。百姓的生活不够安定，戍兵的军粮也不充足。所以羊祜并未着急向吴国出兵，而是把军队分作两半，一半执行巡逻戍守的军事任务，一半开垦农田。全军共垦田八百余顷。羊祜刚来时，军队连一百天的粮食都没有，到后来，粮食积蓄可用十年。

羊祜的这些措施迅速地安定了荆州的社会秩序，增强了军队的战斗力。

羊祜得知吴国国主为人凶狠残暴，让国人对其又怕又恨，所以他采取军事蚕食和提倡信义的两面策略，以积蓄实力，瓦解对方，寻找灭吴的合适时机。

羊祜每次和吴人交战时，都预先与对方商定好交战时间，从不搞突然袭击。羊祜的一些部下会出一些主意，打算对吴军进行偷袭，羊祜就用酒将他们灌醉，堵住他们的嘴，既不听从也不加以训斥。

曾有部下在边界抓获了吴军两位将领的孩子，羊祜知道后，立马命人将这两个孩子送回。两个孩子的父亲深受感动，主动带军投降晋国。

吴将邓香进犯夏口时，羊祜命人将其活捉，但是抓来后并未对其进行惩罚，又把他放了回去。邓香感恩，亦率其部属归降。

羊祜的部队行至吴国边境时，会收割田里的稻谷充当军粮，但每次都会根据收割数量用绢偿还。打猎的时候，羊祜约束部下，不许超越边界线。如有禽兽先为吴国人所伤而后被晋兵获得，他都会送还对方。羊祜这些做法，使吴人心悦诚服，对他十分尊重，吴国人都亲切地称他为“羊公”。

当时吴国将领陆抗也对羊祜的行为赞赏有加，他不想因为战争伤了两方的和气，就一直和羊祜保持着友好往来关系。有一次，羊祜听说陆抗生病了，便赶紧派人给陆抗送药过去，并说：“这是我自己最近配制的药，还未服，听说您病了，就先送给您吃。”

陆抗的部下怕其中有诈，不让陆抗服用，陆抗却坚决地说："羊祜怎会用毒药害人呢？"便果断服下。

但是羊祜绝非迂腐之人，他表面与吴国互不干扰，但是心里知道，两国战役无法避免，所以一直在暗中秘密练兵。

后来，吴国将领陆抗病死，吴国境内又因为国主的高压统治使各种矛盾日益激化，而此时荆州边界的晋军实力也远远超过了吴军。羊祜知道，攻灭吴国的条件和时机已经成熟，于是向晋武帝请求出战。

就在这紧要关头，羊祜不幸病倒，他向晋武帝请求回朝。晋武帝在宫内接见了羊祜，并听取了羊祜攻吴的意见。不久，羊祜便与世长辞。

晋武帝异常悲痛，亲自穿上丧服痛哭流涕。当时正值寒冬季节，司马炎的泪水流到胡须上都结成了冰。荆州百姓听说羊祜的死讯后，纷纷罢市痛哭，就连吴国的将士都为此悲痛不已。

羊祜死后，晋武帝用羊祜的计策讨伐东吴，一举将其歼灭，完成了统一大业。

**点评** 晋武帝以卓越的政治智慧，识人善用，全力支持羊祜的战略与主张。他的放权与信任，让羊祜得以在荆州等地施展才华，为西晋的统一奠定坚实基础。晋武帝的战略眼光，采纳并推动羊祜的伐吴大计，最终实现了国家统一。这些举措不仅巩固了西晋初期的政治稳定，也促进了经济与文化的发展。晋武帝善用人才的策略，为历史留下了宝贵遗产。

# 康熙帝任人唯才

康熙初期，朝廷内贪污腐败之风盛行，很多大臣都贪污受贿，中饱私囊。皇上对他们恨之入骨，开始整顿官场，遏制恶风陋习。在惩治贪官的同时，康熙皇帝也对清官、好官进行大力提拔和奖赏。于成龙就是其中最有代表性的一位。

于成龙年轻时生活坎坷，屡试不第，后来进入国子监学习。学满之后，被派往广西罗城担任知县。

罗城地处偏僻，远离朝廷，那里经济萧条，城内景致破败不堪，不但没有官衙，甚至连城墙都没有。于成龙不顾他人劝说，毅然骑着毛驴来到罗城，在县衙的三间破茅草屋里办起了公。

经过了解，于成龙发现罗城经常有盗贼出没，烧杀抢夺，百姓们苦不堪言。于是他就严明法律，对盗贼严加治理。待盗贼治理完毕后，民心纷纷归附。仅用了三年时间，此地的民众便得以安居乐业，出现了少有的欣欣向荣的景象。

于成龙不但治理有方，还公正廉洁。他生活十分清贫，几乎每天只吃粥和青菜，一年也吃不上一顿肉，所以深受当地百姓的尊敬与爱戴。

这件事传到康熙耳中，他很快给于成龙升了职。无论派到哪里，于成龙都会将当地治理得井井有条。康熙皇帝大喜过望，对其一路提升，直至成为直隶巡抚、两江总督。

于成龙明白，官职越大越要规范自己的言行，给百姓和下属起模范作用。所以在直隶和两江任内，于成龙都把整顿地方吏治放在首位。

之前在黄州赴任时，于成龙在衣内放置布袋，将盗贼的名字写在上面。当他升任巡抚后，下人建议他将布袋去掉，于成龙笑着说："不用去了，这袋子以前用来装盗贼，现在我要用它来装贪官！"

他刚到直隶就职，即发出了清查庸劣官员的檄文。他大杀各地官员公然贿赂、请客送礼之风。中秋节期间，有官员借机向他行贿，他毫不留情地对他们进行了惩罚，以惩一儆百。

他去江南赴任时，先去民间进行"微服私访"。当他知道江南的贪污腐败现象更加严重时，不禁感叹道："哎！吏治败坏到如此地步，到底什么时候能够停止啊？"

于是，于成龙针对当地情况颁布了《兴利除弊约》，其中开列了灾耗、私派、贿赂、衙蠹、旗人放债等十五款积弊，责令所有官员从现在开始，必须对之前的不良之风进行痛改。于成龙采用宽严并济的方法，彻底改变了当地官吏的奢靡贪污之风。

于成龙的一系列治理成果，康熙看在眼里，喜在心上，并称他为"第一清官"。

皇上对于成龙赞赏有加，还曾为其破例提拔过官员。于成龙的部下有一个人也叫于成龙（小于成龙），同样为官正直，廉洁自好，能力过人。当时，恰逢江宁知府陈龙岩病故，于成龙便想推荐小于成龙填补空缺。虽然推荐人才并没有问题，但是指名道姓指定岗位还是有点不太合适。再说，小于成龙如今是从五品，知府一职则是从四品，这样越级提拔违反规矩。但是周围又没有其他人选，于成龙一时不知如何是好。

于是，于成龙给皇上上书讲明此事，希望皇上特事特办，召集群臣商议，推选一个上任。但是在结尾却巧妙指出：有皇上的恩泽，像通州知州于成龙（小于成龙）那样的好官，一定会脱颖而出。

皇上接到奏章，立刻明白了于成龙的意思。皇上不顾朝廷规定，直接提拔小于成龙上任。

后来，于成龙死于两江总督任上。他去世时，家中一贫如洗。康熙帝异常悲痛地说道："如此清廉的官员，天下再也找不出第二个。"

**点评** 于成龙一生清廉，刚正不阿，全心全意为百姓做事，为朝廷分忧，受到康熙帝的赞赏和重用。正是康熙帝的宠信，让于成龙有了大展身手的机会。于成龙不负所望，以身作则，一生清廉，从一定程度上整治了腐败的官场之风。

# 第五节　人才储备——吸才纳贤

## 高筑黄金台

燕昭王即位之初，国家因为刚刚经历战争，一片残败景象。燕昭王励精图治，进行改革，但是苦于身边无人可用，于是找到大臣郭隗。

燕昭王愁容满面地问道："齐国乘人之危，侵占我们燕国的土地，如今我想报仇，可是燕国势力薄弱。如果我能得到天下贤士与我共商国事，即可与齐国抗衡。请问先生，我现在该如何做？"

郭隗说："成就帝业的人与老师相处，成就王业的人与朋友相处，成就霸业的人与臣子相处，而亡国之君只与仆役和小人相处。如果能够屈尊侍奉贤者，恭敬地接受教诲，那么超出自己才能百倍的人就会投奔而来。所以大王若真想招致贤才，就应该亲自登门拜访。天下的贤人如果听说了大王的这一举动，一定会投奔燕国而来。"

燕昭王说："那我应当先拜访谁呢？"

郭隗先给燕昭王讲了"千金买马"的故事，然后说道："大王如果真的想要招揽贤士，那就从重用我开始吧！如果别人看到像我郭隗这样平庸的人都能被器重，那么才能胜于我的人还会觉得路途遥远而不来投奔吗？”

燕昭王听后茅塞顿开，于是，为郭隗专门建造了宫殿，并拜他为师。接着，又命人在城内最显眼的地方筑起一座高台，上面供置许多黄金，取名“黄金台”，用来招纳四方贤士。很快，燕昭王敬重人才的消息不胫而走，没多久就出现了“士争凑燕”的局面。

燕昭王不拘一格，广纳人才，而且把那些有志灭亡齐国的、熟悉齐国险阻要塞和君臣关系的善于用兵打仗的士人，尽数收留下来，并给予他们优厚的待遇。其中最有名的是从齐国而来的邹衍、从赵国而来的剧辛和从魏国赶来的乐毅。

邹衍是阴阳五行家，当时已名闻天下，曾受到魏国、赵国的尊重。燕昭王得知邹衍来到燕国，不但亲自迎接，还用衣袖裹着扫把，退着身子边走边扫，在前面为其清洁道路。燕昭王敬请邹衍以师长身份给自己授业，并特意为其修建了一座碣石宫，供其居住讲学。

剧辛同样是军事人才，他听说燕昭王思贤若渴，便前往辅助，遂受到燕昭王的重用。剧辛实行变法图强，使燕国国力大增，并作为燕国的使节和邹衍一起游走各国，通融了燕国与周边各国的关系。

其中最优秀的就是乐毅，他才学出众，深通兵法。一次乐毅以魏国使臣的身份出使燕国，燕昭王十分恭敬地接待了他。乐毅颇受感动，决意留在燕国。昭王随即任其为亚卿，并委以国政和兵权。

乐毅全心全意为燕昭王服务，不但对内政进行改革，还对军队进行了整顿。对于用人标准采用了任贤的制度，阻止了官场之内拉帮结派的现象。

燕昭王在众位贤士的辅助下，兢兢业业地奋斗了28年。燕国从一个贫瘠弱小的国家变得日渐殷富，积累了相当实力，而且培养了奋发图强的民风。待条件成熟，燕昭王举兵伐齐，一举得胜，将齐国打得只剩下两个小城，最终使燕国发展到鼎盛时期，并跻身于战国七雄的强国之列。

**点评** 燕昭王刚刚即位时，燕国被齐国打得惨败不堪，然而燕昭王没有气馁，而是心怀雄才大略，励精图治。他知道要想使国家强大，必须有人才相助，所以他求助郭隗，听取了他的意见，招揽了大批贤士，取得了成功。

## 唐太宗任贤

古往今来，英明的君主，无不重视人才的选拔和任用，其中唐太宗李世民就是代表人物之一。

李世民青年时期，已经意识到隋朝大限将至，就开始暗中网罗人才，以备后用。他常常降低身份推崇士人，拿出财物来供养门客、群侠大盗，没有一个人不愿为之效力。其中刘文静、裴寂等人就是他那时结识的密友，为其在后来的反隋战役中起到了很大的作用。

在晋阳起兵后，他更是接纳了大批贤能之士，其中有秦叔宝、程咬金、房玄龄、杜如晦、长孙无忌、程知节、尉迟敬德等一大批文武贤才。正是有了他们的相助，李世民才在战争中接连取得胜利。

李世民的用人标准就是举贤不避亲、任人不避仇。秦叔宝、程咬金曾是农民起义军之中的一员，后来因为看不惯首领的行事风格，遂投奔了李世民，李世民将他们收在麾下，加以重用。两人在跟随李世民南征北战中，成为其得力干将，为李世民鞍前马后，立下汗马功劳。

房玄龄曾是隋朝官员，后被革职。李世民在陕西巡游时遇见了他，两人一见如故，于是房玄龄投奔到李世民麾下，虽然他曾在隋朝为官，但是太宗不曾怀疑过他，对他予以重任。

魏徵曾在李建成手下办事，为李建成出谋划策。当初他为了保住李建成的太子之位，并助他顺利登上皇位，建议李建成除掉李世民。后来李建成被李世民射杀，李世民并未追究魏徵的过错，而是被他的诚心打动，任命其为大唐的谏官。后来成为谏官的代表。

尉迟敬德，本来是刘武周手下的一员大将，与李世民是死对头。后来尉迟敬德和另一名大将投降了李世民，不久那位将军叛变。有人怀疑敬德也要叛变，将他囚禁起来，并让李世民将其杀掉。李世民则命人释放了敬德，并给予了他一些财物，说道："如果你真的想走，就带上这些财物走吧。我绝不会为难你。"

结果，尉迟敬德大为感动，对李世民忠心耿耿，在历次战斗中，出生入死，勇猛无比。

长孙无忌是李世民的妻子长孙皇后的兄长，在玄武门之变中他立下很大的功劳。事后李世民想封其高官，但是长孙皇后和长孙无忌本人为了避嫌，再三请求只当一个空头官儿，不要实权。但实际上长孙无忌才能出众，李世民并未避嫌，直接任命其为宰相。

正因为李世民懂得用人之道，知人善任，才开创了唐朝的第一个盛世——“贞观之治”。

点评 唐太宗作为一代明君，聪明睿智。他知道一个王朝的兴衰，绝不是一个人可以左右的，必须依靠众人的力量。想要天下太平，除了要有一个明君，贤臣也是必不可少的，所以他在位期间，做到了明君和贤臣的相互协作，让国家快速兴盛起来。

## 齐桓公招贤纳士

齐桓公登上王位后，胸怀兴齐图霸的大志。为树立重才任能的形象，他开始笼络天下英才。在鲍叔牙的推荐下，齐桓公不计前仇，派人迎接管仲回国，并“亲迎至郊”，举行了隆重的欢迎仪式。管仲到齐国以后，齐桓公任用管仲为相，并尊称其为仲父。管仲也不负所望，对齐国展开了大刀阔斧的改革。

齐桓公问管仲：“什么是危害成就霸业的事？”

管仲直言不讳地答道：“不了解贤人，了解却不任用，任用却不信任，已经信任却要小人干预，这些都会影响称霸。”

齐桓公对此深表赞同，于是他和管仲在齐国建立了层层举荐、逐级选拔责任到人的人才选任机制。他们要求各级官员都要随时留意本辖区内的优秀人才，如果发现而不举荐就要受到惩罚。

并且还推行了层层选拔的“三选制”，即乡里发现人才首先要推荐给政府，政府考核之后推荐给国君，国君再亲自用国家政务之事对其进行测试，合格的人则会被任命为“公所曾相”等。这样就打破了“世官世禄”的贵族世袭制的束缚，为优秀人才脱颖而出创造了条件。

不但身怀大才之人受到齐桓公的器重，即使小吏，齐桓公也格外尊重。有一次，齐桓公去见一个叫稷的小吏，一天去了三次都没有见到这个人。随从就对齐桓公说：“你作为一国之君，去见一个平民百姓，一天去了三次却没有见到，就可以停止了。”

桓公说：“你说得不对！轻视爵位、俸禄的士人，一定会轻视他们的君王；君王如果轻视霸王之业，自然也会轻视有才能的人。即便稷敢轻视爵位和俸禄，我哪里敢轻视霸王之业呢？”

后来，齐桓公第五次才见到稷。天下的国君听说了，都说：“齐桓公尚且下访平民百姓，何况我们这些一般的国君呢？”

于是纷纷效仿。

在招揽国内贤人的同时，齐桓公还将目光放远到国外。他派遣八千人去四方游走，遍访天下名士。为了显示齐国招贤纳士的诚意和决心，齐桓公还设立了招贤馆，他亲自坐镇，在院子里燃起许多火把，日夜等待四方人才前来投奔，这就是著名的“庭燎求贤”的故事。

有一天，一个东野之人前来求见，齐桓公很是高兴，立即接见了他。当他询问来人有何才能时，对方却说："会九九算术。"

桓公不禁失笑道："九九之术也能算一技之长拿来见我吗？"

东野之人回答："正因为大山不拒绝细小的石头，江海不拒绝细小的溪流，所以才会成为大山、大海。'九九之术'虽算不上高深的学问,但如果您也能对我以礼相待,还怕比我高明的人不来吗？"

齐桓公觉得有理，就以隆重的礼节接待了这个东野人，并给其安排了适当的官职。果然不出一个月，四方才俊闻讯纷纷前来，使齐国得到了大量贤才良将。

齐桓公求贤若渴的精神，对整个齐国的社会风气都产生了很大的影响，举国上下形成了尊贤重才的浓厚氛围。

**点评** 齐桓公能够成为霸主，不光因为其有雄厚的军事实力，更因为其招揽了大批有识之士，对齐国的经济、政治、外交等方面做出了极大贡献。齐桓公作为大国君主，能够以身作则、礼贤下士，可见其对人才的尊重程度。

# 第六节　知己知彼——以德善诱

## 以赏代罚

长孙顺德是唐太宗李世民时期的一个官员，还和李世民有些亲戚关系。他最初为官清廉，勤政爱民。但是随着混迹官场的时间越来越长，他开始逐渐显露其奸诈狡猾的一面。

唐太宗出于对长孙顺德的信任，让其监督宫中奴仆，简单来说就是盯着那些奴仆是否会做什么坏事，长孙顺德也尽心尽力。

有一次，长孙顺德发现几个奴仆手里拿着东西偷偷摸摸地回到自己的住所。这一举动引起了长孙顺德的怀疑，他一路跟踪这几个奴仆，才发现他们手里拿着的是宫中的财帛。

长孙顺德得知后立马将他们几个叫了出来，呵斥道：“你们几个是吃了熊心豹子胆吗？竟敢偷皇上的东西，是不是不想要自己的脑袋了？”

那几个奴仆吓得赶紧跪在地上，不停地磕头，祈求道：“大人恕罪！大人恕罪！小人只是一时糊涂，鬼迷心窍，才做出错事，祈求大人开恩，不要让皇上知道此事。”

长孙顺德看到他们的样子，真是又可怜又可恨，一时不知道该如何抉择。

这时，其中一个奴仆故意说道："大人，此事最好不要让皇上得知，这样对大人也有好处。毕竟这不是什么光彩之事，若被皇上知道，也许会定大人监督不严之罪。这样大人也会一同被罚。如果大人帮助我们隐瞒，我们愿将全部财物送给大人，只求大人放过我们，不要告发。"

长孙顺德一听，心有所动。他想：皇宫财物众多，丢失一点东西他们也不会留意。再说，即使被他们查到，无非也就给我定一个监督不严之罪，料想皇上也不会对我严惩。

于是，长孙顺德就放过了这几个奴仆，而他们偷盗的那些丝绢当然顺理成章地归入了长孙顺德名下。

不久之后，此事被揭发出来，闹得朝中大臣尽人皆知。消息传到唐太宗那里，他有点不敢相信。他对近臣说道："论身份顺德是外戚，论功劳他是开国元勋，地位高，爵禄厚，可以说荣华富贵，应有尽有了。如果他能多看些古今典籍，从中吸取教训，引以为鉴，以自己的言行为人民做出榜样，我会与他共同享用国库。可是为什么他就不守气节不顾名誉，偏偏搞出个什么贪污受贿的丑闻呢？"

近臣问道："皇上，长孙顺德收受贿赂已经物证俱在，按大唐律法，应该治罪，并投进监牢。不知皇上想如何处置？"

唐太宗沉思良久，说："他为大唐出生入死，现在因为贪污了一些丝绢就被治罪，我实在于心不忍啊！”

其实唐太宗心里早已有了主意。第二天，在朝堂之上，唐太宗当着百官的面让人拿出几十匹丝绢，当众赏赐给长孙顺德。长孙顺德顿时明白了皇上的用意，羞愧得无地自容，恨不得找个地缝钻进去。可是既然是皇上的赏赐，再难堪也得拿着。

下朝之后，有大臣问太宗道：“顺德贪赃枉法，罪不可恕，皇上不但不惩罚他，怎么又赐给他一些丝绢呢？”

太宗说：“人是有灵性的，我给他这些赏赐对他来说胜于刑罚。如果他还有羞愧之心，以后定会悔悟；如果他并不觉得惭愧，就像禽兽一样了，我即使杀了他又有什么用呢。”

这位大臣恍然大悟，还是皇上英明啊！唐太宗的做法的确起到了很好的效果，长孙顺德以后再也没有过贪赃枉法的行为。

**点评** 作为朝中大臣，自然了解国家的法律，但是在诱惑面前又往往知法犯法，很多人因此断送了前程。唐太宗因为了解长孙顺德的为人，所以并未正面指出他的过错，对其进行惩罚，反而用奖赏的行为来让他自己感到羞愧。

## 楚庄绝缨

春秋时期的楚庄王是一个英明果断之人。在他的治理下，楚国一步步强大起来。

一次，他宴请朝内文武百官，让宫内的妃嫔们也一起出席。大家推杯换盏，把酒言欢，再加上歌舞相伴，大家都沉浸在无尽的欢乐之中。不知不觉天色黑了下来，不过楚庄王还没有尽兴，就让人点起蜡烛继续宴饮。

在烛光的映衬下，已经微有醉意的楚庄王兴致更浓。他想到了在座的各位大臣为国尽心竭力，不禁有些感动，于是让两个宠妃轮番去为他们敬酒。

忽然，一阵大风吹来，厅上的烛火全都被吹灭了，屋内一片漆黑。此时，其中一个妃子被一个大臣拉住了手。妃子见有人调戏她，非常生气，顺手就把此人的帽带扯断，然后悄悄走到楚庄王面前，低声说道："大王，刚才有人对臣妾无理，所以我将他的帽带扯了下来。一会儿点燃烛火，您看谁帽带断了，那就是他了，您一定要治他的罪。"

楚庄王一听，调戏王妃可是死罪，如果此事被当面揭穿，对方定要被诛杀。即使我不治他的罪，他也会羞愧不已，以后无法在群臣面前抬起头来。

楚庄王并未说话，只是拍了拍妃子的手，以示安慰。接着，他对群臣大声说道："既然大风将蜡烛熄灭，我们不妨就在黑暗中饮酒，想来会别有一番风趣。"

大臣们一听楚庄王的建议，都齐声应和，继续在黑暗中饮酒玩乐。不一会儿，楚庄王又说："只是饮酒似乎有些乏味，不如我们来玩个游戏，大家都将自己帽子的帽带扯断，抛向空中，如果不扯断可是要罚酒的。"

大家一听，也没有了什么顾忌，纷纷将自己的帽带扯了下来，并向空中抛去，嘴里还高声欢呼着，气氛无比欢乐。

然后楚庄王吩咐下人将蜡烛点燃。众人互相一看，各自的帽子都已面目全非，无一完好，十分滑稽，不禁都哈哈大笑起来。

就这样，宴饮一直持续到天亮，大家才心满意足地散去。

楚庄王回到宫中，那个妃子非常生气地埋怨楚庄王道："大王知道有人调戏于我，不但不给我做主，还有意包庇大臣的行为，您将臣妾置于何地？大王这样纵容他们，以后他们还会做更多冒犯您的事。"

楚庄王却笑一笑，说："我请大臣喝酒，是为了让大家玩得尽兴。那人不过是一时糊涂，酒后失态而已，无须计较。如果我为了这点小事而治大臣的罪，不仅让宴会大煞风景，还会让大臣觉得羞辱，这就不是我设宴的本意了。"

妃子这才明白楚庄王的用意。

三年以后晋国和楚国交战。有一位将军勇猛无比，他冲锋陷阵，带头击退敌人，最后终于使楚国取得胜利。楚庄王召见这位将军时惊讶地问道："我的德行浅薄，又不曾特别优待你，你为什么毫不犹豫地为我出生入死到这种地步呢？"

只见将军面露愧色，说道："我本是该死之人！从前因为喝醉而失了礼节，君王您没有诛杀我，给了我再生的机会，我对此感恩不已。我始终不敢忘记君王的大恩大德，一直希望有机会能够肝脑涂地，为大王尽忠。我就是那天晚上被扯断帽带的人！”

楚庄王这才恍然大悟。

**点评** 大臣调戏王妃，楚庄王并未对其进行治罪，听来似乎有些“窝囊”，但是做大事者不拘小节，怎能因为属下的酒后失德就白白杀掉一个忠臣？楚庄王适时的宽容大度，为对方留了一条生路，也为自己留下了一条后路。

## 宋仁宗科举风波

古代，科举考试曾是选拔人才的主要方式。莘莘学子寒窗苦读，都希望通过科考一举成名，入朝为官。这是普通百姓跨越阶层的唯一方式，所以有“一考定终身”的说法。

宋仁宗在位期间，科举考试依然按律举行。这年，正值苏辙参加考试，他凭借自己出众的才华顺利进入殿试，可谓压倒众人，脱颖而出。谁知他偏偏在这一关键环节出现了一个大的错误。

当年殿试题目是“御试制科策”，即针对朝廷政事写一篇策问。这样的题目对于苏辙来说完全不在话下，他快速提起笔，洋洋洒洒地写下一篇文章，然后顺利交卷。只见苏辙苦笑一声，摇摇头，自言自语道：“这次断然不会考中了，只要不掉脑袋就是万幸了。”

然后，他大摇大摆地走了。

考官们看到苏辙的这篇文章后立马引起了轩然大波。原来苏辙的文章内容针砭时弊，直指宋仁宗和朝中诸位大臣的种种过错，语言非常尖锐犀利。

他在文中指出了皇上四方面的“作为”：第一，皇上在和西夏关系稳定之后就不再有后顾之忧，也不再对西夏采取任何措施，只要有事就害怕得不知所措，这么懦弱的皇帝又怎么处理国家大事?

第二，皇上在宫中纳妃数以千计，终日里歌舞相伴，饮酒作乐，荒淫无道。既不关心百姓死活，也不和大臣们商量政事。听不进逆耳忠言，只听妇人之见。

第三，百姓苛捐杂税极多，负担很重。宋仁宗虽多次派人巡视各地，采取一些减免税或均税的措施，但都是图个仁治的虚名而已。派遣的官吏无作为，对百姓进行压迫，反而增加了百姓的负担。

第四，宋仁宗生活奢侈，喜欢把玩各种珍宝玩物，还随便赏赐给别人。经常让百姓上贡珍奇物件，弄得百姓苦不堪言。

其实文中内容虽然不是捕风捉影，但大多也并不符合事实。当考官们看到这份试卷时，立马炸开了锅。有的考官认为这是大逆不道，诽谤圣上，要求将考卷打下去；有的则认为苏辙敢于大胆给皇上提意见，没有任何问题；有的认为这些话是自己想说却不敢说的，由此佩服苏辙的勇气。

大家争论不休，最后决定让宋仁宗本人来进行评判。宋仁宗看到试卷后，先紧皱眉头，然后哑然失笑，说道：“好啊，能如此大胆揭露朕之过错的人，他还是第一个。朕设立科举，本来就是要欢迎敢言之士。现在如果因为苏辙敢于直言不讳就将其抛弃，那天下人该怎么看我呢？”

于是，苏辙顺利被录取，这样的结果让苏辙非常惊讶。后来，他步入官场才知道，皇上根本不像文中所写那样，而是勤政爱民、兢兢业业。当时自己道听途说，便将不实之说全部写了下来，的确是年轻气盛，有欠考虑，遂深感惭愧。

**点评** 当苏辙将宋仁宗的“罪行”一一列举出来时，宋仁宗并未生气，反而因为其敢于直谏对其大加赞赏。后来，苏辙也意识到了自己的冒失，最终被宋仁宗宽容大度的德行感动。

# 第七节 识人用人——重视贤才

## 隐喻讽谏

淳于髡是战国时期齐国的思想家。他博学多才，但是出身卑微、地位低下。

“髡”是指先秦时的一种刑法，此刑法要剃掉头顶周围的头发，是对人的侮辱性的惩罚。淳于髡以此为名，可见他的社会地位非常低。并且他是“赘婿”，在当时，只有家庭经济贫困、无能力娶妻的人，才会入赘。由此可以看出他出身于社会底层。

然而，他虽然出身不好，却聪明睿智、乐观向上。他凭借自己的才能一跃成为齐国的大夫，并深受齐国几代君王的尊敬和器重。

在齐威王刚刚即位时，齐国国力较弱，内乱不止，军事力量比较薄弱。齐威王却不学无术，整日饮酒作乐，荒废政事，群臣都不敢多言。一时间，“诸侯并侵，国人不治”，国内形势日渐严峻。

在国家内忧外患之际，作为客卿的淳于髡不顾个人安危，挺身而出。他进谏齐威王，隐晦地说道：“国中有鸟，止王之庭，三年不飞又不鸣，不知此鸟何也？”

齐威王立马明白了他的用意，这鸟不就是暗指自己吗？亦用隐语回道："此鸟不飞则已，一飞冲天；不鸣则已，一鸣惊人。"

从此，齐威王振作起来，开始整顿内政，整肃军威并准备迎战其他诸侯国。各诸侯国都很震惊，纷纷归还了侵占齐国的土地。一段时间之后，齐国国库充实，国力强盛，最终开创了"复霸"的局面，取代魏国成为当时中原最强大的诸侯国。

淳于髡也因此一举成名，备受齐威王尊崇，被赐为"上大夫"。又因其能言善辩，齐威王便让他以使节的身份周旋于诸侯国之间，他每次都不负使命。

齐威王八年，楚国发兵进攻齐国。齐威王准备了黄金百斤、车马十驷，打算派淳于髡带上礼品到赵国请求援兵。淳于髡看到这些礼品后哈哈大笑，齐威王不明所以，便问道："先生是嫌所带的礼品少吗？"

淳于髡摇摇头，回道："不敢！不敢！"齐威王继续追问："那你为什么发笑呢？"

淳于髡说："刚才臣子从东方来，看见大路旁有人在祭祀神灵，祈福消灾，只拿着一只猪蹄、一盅酒，祷告说：'易旱的高地粮食装满笼，易涝的低洼田粮食装满车，五谷茂盛丰收，多得装满了家。'我见他所拿的祭品很微薄，但所求之事非常多，所以我在笑他呢。"

齐威王幡然醒悟，于是将礼品改为黄金千镒、白璧十双、车马百驷。

淳于髡到了赵国，给赵王讲明其中的厉害关系，于是赵王给了他十万精兵和一千乘战车。楚国听到消息后，立即撤兵离开。

**点评** 齐威王是一个爱才之人，他选贤任能不受宗室血缘关系的限制，只要有才能就会被其破格提拔。淳于髡能从一个地位低下的百姓成为齐国的思想家、外交家，足见齐威王完全打破了出身和门第的限制，也正是这些人的辅佐才助他成为当时的霸主。

## 三顾茅庐

诸葛亮青年时期在隆中隐居，并耕读于此。他因为饱读诗书，经常自比管仲和乐毅，世人却对其不屑，只有好友徐庶、崔州平等人相信他的才干。

当时，刘备以复兴汉室之名，招兵买马，正在四处寻访能够辅佐自己建功立业的贤才。刘备的手下徐庶就向他推荐了诸葛亮。刘备一听诸葛亮是难得的杰出英才，便立马让徐庶将他请出来。徐庶则摇摇头说："这样的人是不肯自己前来的。将军若真的想用他，只能委屈将军自己跑一趟了。"

刘备此时求贤若渴，于是带上关羽、张飞亲自去请诸葛亮。可是当他们赶到隆中的时候，不巧的是，诸葛亮正好有事出去了，结果他们连诸葛亮的面都未见到就回去了。

刘备并没有灰心。过了一段时间，他再次带着关羽、张飞来到隆中。此时正值寒冬，天气严寒，又逢天降大雪，道路异常难行。张飞开始打起了退堂鼓，不想再继续前行，最后经刘备劝说才答应前往。但是这次又未能如愿，诸葛亮和朋友一起闲游去了。关羽见状气也不打一处来，说道："主公两次亲自前来拜访，这样的礼节已经够高了，只怕那诸葛亮徒有虚名，根本没有什么真才实学，才故意避开不敢见你呢。"

刘备并不同意关羽的说法，对其进行了劝导。

又过了一段时间，刘备想再次去请诸葛亮。关羽和张飞却不乐意了。张飞扬言道："主公不用亲自前往了，让我一个人去就行。如果他不来，我就用绳子把他绑了送到主公面前。"

刘备训斥了张飞一番，再次带上他俩去找诸葛亮。这次诸葛亮倒是在家，却正在家里呼呼大睡。刘备不敢惊动他，一直在外站着等候。

哪知这一站就是两个时辰，刘备的腿都开始打战了。待诸葛亮醒来，书童赶紧通传。诸葛亮得知刘备在外等待多时，颇为感动，赶紧将刘备请了进去。

两人一见面，刘备便开诚布公地说："如今汉室衰败，奸臣当道，皇上失去大权。我想伸张正义，复兴汉室，但自知德行不足、谋略不够，所以至今未能实现自己的志向。先生有没有什么计谋可以帮助我？"

诸葛亮也毫不隐瞒，将自己对天下的看法一一道出。他指出刘备应以荆州为基地，与孙权联合，共同对付曹操。然后以皇室后代为名，必能得到天下百姓的拥护。

刘备听后大赞，心里默默佩服诸葛亮的远见卓识，于是邀请诸葛亮出山，助自己完成大业。诸葛亮也被刘备的诚心打动，跟随刘备前往。

诸葛亮出山以后，很快被刘备拜为军师，掌握军事大权。在诸葛亮的辅佐下，刘备的势力一天天壮大起来，最终割据一方，成为皇帝。

**点评** 一个人要想成就大业，强大的军队固然是胜利的必备条件之一，但睿智的眼光和长远的规划更是重中之重。刘备遇到诸葛亮，看到了他的军事才能，于是不顾他人反对，直接将其提拔为军师。正是有了诸葛亮的辅佐，才使刘备得以成为一方霸主。

## 嘉庆任用刘清

在清朝嘉庆年间，有一位知县，名叫刘清。他本性正直善良，为官清廉，体恤百姓，百姓都尊称他为“刘青天”，遇到什么困难都愿意找他。

他为官期间，不少地方都出现了白莲教叛乱。刘清作为县令，为保一方百姓安全，招募了很多乡勇，多次击退了叛军。可是，一个县令手下能有多少人？他们根本不是叛军的对手。

但是这些叛军大多是农民出身，对“刘青天”的名号耳熟能详，知道刘清是一个好官，并不想与他作对，就主动撤退了。刘清当然也不愿伤害这些百姓，就对他们进行了招安，然后相安无事。

刘清的上级看到刘清治理叛军的功绩，不但不对其进行表扬，还怀恨在心。因为除了刘清的地界，其他地方叛军依旧猖狂。每当他们受到皇帝的怪罪，那些人就会把责任推给刘清，而将功劳独揽到自己身上。但是，没过多久，这种欺上瞒下的行为就露馅了。

叛军中有个叫王三槐的人颇具实力，曾经数次击败官军。四川总督勒保只能改变策略，打算将其招安，于是就将这件事交给了刘清办理。

刘清孤身前往王三槐的大营中，向对方动之以情、晓之以理，最终说服了王三槐。勒保听说后非常高兴，将刘清夸奖一番，然后派了一个使者前去完成招安手续。

谁知那使者作威作福惯了，从心眼里看不起王三槐这种人，所以对其吆五喝六的。王三槐看他如此嚣张，顿生厌恶之心，干脆不接受招安了。

使者看事情办砸了，怕总督怪罪，不敢如实禀报，再次将错误推给刘清，说王三槐是诈降，刘清根本没有弄清事实，差点儿误了大事。

勒保身居高位，也算是个明辨事理之人，觉得此事蹊跷，并没有怪罪刘清。而是再次找来刘清，希望刘清能再次招安。刘清也没有推辞，爽快地答应了。

刘清找到王三槐，说服他到勒保的大营直接和勒保谈判。谁知勒保见到王三槐，竟然直接将其抓了起来，送给了嘉庆皇帝。

勒保此事办得太不地道，刘清大为恼火地去找他理论，然而勒保却闭门不见，搞得刘清里外不是人。

嘉庆皇帝见到王三槐，怒斥对方为何反叛。王三槐闻言大笑道："百姓如果能安居乐业，谁愿意造反？还不是那些贪官污吏害的。"

听到这话，嘉庆陷入了沉默。他知道朝内有很多贪官污吏，但是也不是一时就能够解决的事情。

嘉庆不甘心地问道："难道就没有清官了吗？"

王三槐回答道："有啊，那县令刘清就是大清官。他为官清廉，恩泽四方。这次要不是他出面招降，我也不会中计，也就没机会见到你了。"

王三槐的回答让嘉庆深感意外，他专门向勒保询问了刘清的情况。勒保因为之前有愧于刘清，这次毫不隐瞒地将刘清的功绩讲了出来，说他的确是个爱民如子的好官，只是做个县令太屈才了。

嘉庆默默地点点头。

待叛乱的事情解决完毕，嘉庆帝立马开始严查贪官污吏。同时，他打算让官员以刘清为榜样，保持清廉的作风。于是，下发了一道圣旨，直接将刘清升为四川按察使。这按察使可是正三品的官职，刘清等于一下子连升了八级。

后来，刘清一路官运亨通，还历任刑部员外郎、山东登州镇总

**兵等职，直到年老才回乡颐养天年。**

**点评** 刘清最初仅是一个小小的县令，却因廉洁公正名扬乡里。嘉庆帝了解实情后，为了表扬他的佳绩，不顾规定，破格将其提升了八级。面对全国贪污成风的现状，嘉庆帝将刘清作为一个榜样，从一定程度上遏制了不良风气的蔓延。

# 第八节　君子情谊——包容大度

## 刘秀不强人所难

刘秀在当上皇帝以后，知道治理天下不能缺少人才的辅佐，所以他想尽办法网罗天下贤士。

刘秀有一位好友名叫严光，他们曾一起在长安京师求学，两人关系相当密切，不分你我。可自从刘秀登基后，他便隐名换姓，隐居在富春江畔，每日不问世事，悠闲垂钓。

刘秀知道他有治世之才，便想让其入朝为官，于是命人为严光画了画像，在全国进行查访。

功夫不负有心人，果然不久后有人报告，在齐地，有一名男子，整天身披着羊皮大衣在江边垂钓，这人酷似严光。刘秀便赶紧派使者去请，可是严光并不想给刘秀面子，他一次次地拒绝了刘秀的邀请，直到第三次才勉强同意进京。

朝中大臣司徒侯霸与严光是老相识，听说他入京，非常高兴，赶紧派人给他送了一封信。送信的人说："大人听说先生到了，本想立即前来拜访，但是限于朝廷规定，不便前来。希望在天黑后，能亲自来向你表达歉意。”

严光却不屑一顾地撇撇嘴，说：“你们帮我传句话吧！君房先生，官位到了三公，的确很好，令人羡慕。如果怀着仁义之心辅助天下的话，令人高兴，如果拍马屁看人脸色办事那可要身首异处了。”

侯霸一听：这叫什么话？自己明明一片好意，却得来对方的一顿讽刺，不禁委屈万分。他将此事告诉刘秀，刘秀哈哈大笑，说：“这家伙还是像以前一样狂傲。好了，你也别太在意了。”

当天刘秀就亲自到严光居住的馆舍去探望他。这要是别人，一看皇上主动前来，还不得连滚带爬地从床上下来？可严光不一样啊，他躺在床上不起来。刘秀也不计较，直接进入他的卧房，摸着他的肚子说：“唉！你就不能帮我做点事吗？”

严光假装睡觉，闭着眼睛不吭声。过了很久，他才慢慢睁开眼睛，对刘秀说：“读书人本各有志，你明明知道我志向不在官场，又何必强人所难呢？”

刘秀也不好勉强，叹息道：“子陵，我竟然不能使你做出让步！”

后来，刘秀把严光请到宫里，两人共同相处了多日。一次，两人在一起谈天说地，说着说着却睡着了。睡觉间严光竟然把脚压在了刘秀的肚子上，刘秀也不叫醒他，就这样压着吧。

第二天，太史慌忙启奏，说有客星冲犯了帝座，恐怕是有人对皇上不利。刘秀笑着说：“没有大碍的，不过是我和老朋友严子陵睡在一起罢了。”

太史这才放下心来。

再说这个严光，无论刘秀如何劝说，他就是坚决不答应入朝为官。最后，刘秀也劝不动了，只能让他回去。他最终还是回到富春江边，过起了垂钓耕读的生活。

**点评** 刘秀作为一代明君，为人谦和宽容，并没有强迫严光出来做官。刘秀知道君子不能强人所难，于是让严光重新回归隐居生活。刘秀也并没有因为严光的拒绝而对其心生嫌隙，他们的情谊依旧如初。

## 宋仁宗亲信贤臣

提起包拯我们都不陌生，他因铁面无私被民间称为“包青天”，后世亦将此称呼作为公平正直的代名词。

宋仁宗在位期间，只要犯错，包拯就会勇敢直谏，根本不畏惧皇上的权威。

当时，朝中大臣张尧佐是仁宗妃子张氏的伯父。张氏因为深受皇上恩宠，所以屡次在皇上面前帮伯父邀功，请求给伯父升官。

宋仁宗为了博取妃子欢心，也总是对其有求必应。结果，张尧佐的官位一路高升，一年之内就高升四次。可是到此还没完，很快，皇上又欲升张尧佐为三司使。三司使是什么官？是中央最高的财政长官。皇上等于把全国的财政大权交于其手。

这次包拯可坐不住了。别人苦熬多年都够不着的位子，张尧佐凭借侄女的关系一跃而上，包拯怎么可能允许？他多次上书反对此事。他说皇上给张尧佐升迁太快，会给朝廷造成不好的影响，要求皇上收回成命。

皇上非常气愤：我是皇上，给臣子升个官还要受人管制，这包拯也真是多管闲事啊！可是他知道包拯不好惹，这事只要他坚决反对，那指定办不成。但是如果不升，宠妃那边也不好交代。

在冥思苦想之下，宋仁宗终于想到一个对策。他采纳了包拯的意见，不再升张尧佐为三司使，却转头将他改任为节度使。节度使是掌握军事大权的官职，级别不但比三司使更高，还有了更大的权力。这不是把包拯当傻子耍吗？包拯怎能答应？

包拯立马找来七名言官一起去找皇上理论，他们气急败坏地站到皇上面前时，皇上已经明白了他们的来意。他们还未说话，皇上就先开口了，问道："你们是为张尧佐的事而来吗？朕已经决定了，你们无须再多说了。"

皇上知道他们难缠，说完就想趁机溜走。哪知包拯一把将其拦住，开始对他讲任人唯亲的各种弊端。

宋仁宗被他说得烦躁不堪，忍不住发火了，对包拯怒斥道："我不就封他一个节度使吗？到底有什么问题？你们为什么还要如此计较？"

此时，其中一个言官唐介上前一步，毫不客气地说道："当初太祖、太宗都曾经做过节度使，然后建立了自己的天下。节度使到底有多大权力，皇上难道不知道吗？”

这句话不禁让皇上打了一个冷战，唐介说得没错，节度使掌握着军事大权，要是怀有二心，想造反还不容易？

待稍作冷静，宋仁宗终于开始细细思考大家的意见。大家的顾虑没有错，不怕一万就怕万一，还是小心为上。所以他终于采纳了大家的意见，打消了为张尧佐升官的念头。

皇上回到后宫后，张氏见皇上一脸怒气，便小心翼翼地询问所为何事。皇上一听，气就不打一处来，指责她道：“还不是因为你，天天就知道给你伯父要官，难道不知道包拯是御史吗？他今天上殿和我争辩，唾沫都溅到我脸上了。”

张氏看到皇上大怒，以后再也没有为伯父要过官。

点评 国有国法，家有家规。无论皇上还是臣子，都必须遵守国家法律和规矩，如果想借权势徇私枉法，定会导致朝政混乱。包拯作为一个公正无私的大臣，他不畏强权，敢于犯颜直谏。但是也不能缺少皇上的包容大度，否则很可能落得悲惨的下场。

## 善于自省的李世民

尉迟恭是李世民手下大将，跟随李世民南征北战，立下了不少功劳。尤其在玄武门之变中，尉迟恭可谓功劳最大，所以李世民对其感恩戴德。

李世民当上皇帝之后，对尉迟恭升官加爵，恩宠有加，即使尉迟恭有时犯错也会宽容处理，不过分追责。

有一次，李世民叫吏部尚书唐俭陪他一起下棋。普通人下棋不过是个娱乐，谁输谁赢都属正常，并不会计较。但是陪皇上下棋可不是个好玩的事，首先必须让皇上赢，自己呢，还得输得不够明显。但偏偏唐俭就忘了这一点，因为平日和李世民关系很好，一时竟然忘了君臣关系。唐俭毫不礼让，自己赢了。这可惹怒了皇上，他下令要将唐俭发配到潭州。

唐俭这也够憋屈的，可是面对皇上，有委屈也只能受着。但是李世民还没完了，他越想越气，觉得对唐俭的处罚还不够，竟然想把他杀掉。于是，他对尉迟恭说："唐俭目无法纪，藐视朝廷，轻视于我，这样的人怎么能留？必须将之杀掉，明天上朝你来为我做证，就说他曾用言语冒犯我。"

尉迟恭表面上恭敬地答应了，但是内心却没有同意。他想：唐俭于朝廷有功，就因为皇上一时气恼就想置他于死地，这不是妄杀功臣吗？这子虚乌有的事我怎么能做证呢？

第二天上朝，皇上在朝堂上宣布要杀掉唐俭的事，并说尉迟恭亲耳听到唐俭冒犯皇上的言论。

尉迟恭上前一步，跪下说道："皇上，臣从来没有听说这件事。"

皇上多次询问提醒，尉迟恭依旧不改变说法。李世民的怒火越来越大，气得把玉珽摔在地上，拂袖而去。

过了一段时间，李世民举行宴会，将三品以上的官员都召来赴宴。在宴会上，李世民说："尉迟恭对我有三利三益：唐俭免于枉死，我免于妄杀，尉迟恭免于曲从，这是三利；他还使我有改过的美名，唐俭有再生的幸运，敬德有忠直的声誉，这是三益。"

说完，赏赐了尉迟恭一千匹绸缎，群臣都高呼万岁。

**点评** 俗话说，伴君如伴虎。当李世民因一时之怒要冤杀忠臣时，尉迟恭并没有推波助澜。这样做可能给自己带来杀身之祸，但是他依然坚持了正义。最终因为李世民的自我反省和包容大度，让尉迟恭免于受罚。

# 智仁篇

# 第一节　以民为本——君民一家

## 汉文帝改法

汉朝初年，经历了秦朝暴政和连年战争，民不聊生、百废待兴。为了尽快稳定民心、恢复生产，刘邦转变了立法指导思想，以黄老思想作为治国方略。

到汉文帝登上皇位后，依然以黄老思想为主，严格遵守法律，但是不利于“安民”，于是汉文帝对当朝法律进行了一些改革。

汉文帝知道，农业是稳定统治的根基。为了鼓励百姓农耕，汉文帝采取了一系列轻徭薄赋、鼓励发展农业的具体措施。

第一项措施是减轻租赋。为了调动农民种田的积极性，刘恒决定减轻田租税率，他在位期间，曾两次减免一半田租税：一次是把原先的十五税一的田租率减为三十税一，也就是只缴纳 1/30 的土地税。从此以后，三十税一成为西汉的固定田租税率。另一次是免去全部的田租。此外，算赋（人头税）也由过去的每人每年一百二十钱，减少到每人每年四十钱。

第二项措施是减轻徭役。刘恒规定，成年男子的徭役减为每三年服役一次。这样的减免，在中国封建社会史上是独一无二的。

不但如此，汉文帝还以身作则，勤俭节约，爱惜民力。文帝曾想修一个露台，但计算了一下要花费百金，他就说："百金之财，相当于十户中等人家的财产。我继承先帝的宫室，常恐自己无德，玷辱了先帝，为何还要修露台呢？"于是放弃了这一想法。

文帝自己对穿衣也没有什么讲究，并且命令自己宠爱的慎夫人不得穿拖到地上的长衣服，帏帐上不得绣花纹，给天下人做榜样。自己的陵墓霸陵只用瓦器，不用金银铜锡等作为装饰。

除此之外，本着"以民为本"的原则，刘恒还废除了一些残酷的法律，体现了对生命和身体的尊重。

秦朝时期大多数犯罪的人，都没有刑期，终生服劳役。文帝诏令重新制定法律，根据犯罪情节轻重，规定服刑期限；罪人服刑期满，贬为庶人。秦代法律规定，罪人的父母、兄弟、姊妹、妻子和子女都要连坐，重的处死，轻的没入为官奴婢，称为"收孥相坐律令"。文帝明令废止。秦代有黥、劓、刖、宫四种肉刑。汉文帝下诏废除黥、劓、刖刑，改用笞刑代替。后来景帝又减轻了笞刑。

文帝认为，人有罪过首先当施教，给人悔过自新的机会，无效而后加刑。作为统治者，要对臣民有着良好的期待，即便偶有罪过亦不当例外。

汉文帝以仁德治天下。他关心百姓中鳏寡孤独者，希望有关部门对他们表示关心、慰问，并赠送他们一定数量的布匹、粮食，以保证正常的温饱。由此可以看出文帝的宅心仁厚。

文帝在位的二十三年间，重德治、尊孝道、兴礼仪，励精图治、宽仁节俭、爱民重农，使西汉社会稳定，人丁兴旺，经济得到了很大的恢复和发展。

**点评** 汉文帝在位期间，始终坚持以民为本的理念。他深知百姓的重要性，因此推行了一系列惠民政策，让百姓过上了安稳的生活。正是因为他的仁爱之心和深远谋划，才使得西汉王朝在他的治理下达到了鼎盛。

## 光武帝宽恕死刑犯

光武帝刘秀在建立东汉政权以后，也使汉朝的法律得以恢复，但是西汉时期有些法律过于严酷，刘秀便下令将其废除，以安民心。不但如此，对于有些犯罪行为，刘秀也会适当纵容，以达到治国安邦的目的。

当时，董宣为北海国相，他刚正不阿，不畏强权，执法严明。而公孙丹是北海国的豪强首领，在当地影响力非常大，所以董宣任其为五官掾。

当时公孙丹想造一座新的宅邸，便请了一个风水先生来看。结果风水先生说这座府邸需要死人才好，公孙丹的儿子便持剑将路过的两个人杀死，并将这两个死人抬到新造的房子里，以去晦气。

董宣得知后，怒火中烧，光天化日之下竟敢随便杀人，简直无法无天，便立刻命人将公孙丹父子逮捕并诛杀了。董宣的这一行为直接触怒了公孙丹的宗族和党羽，他们几十个人聚到一起去衙门闹事，嚷道要为公孙丹父子报仇。

董宣才不会吃他们这一套，直接下令将这些人全部逮捕，并让书佐水丘岑将他们一概杀掉。青州刺史认为董宣罔顾法律，滥杀无辜，于是上书向皇上弹劾董宣。

皇上也觉得董宣所为有些过分，立刻把他打入廷尉监狱。在监狱中，董宣毫无惧色，每天在狱中阅读诗书。

最终，董宣因为杀人罪被判处死刑。行刑的那天，官属带来了“断头饭”给董宣吃，董宣却厉色说道：“我董宣生平没有吃过别人的东西，何况在死的时候呢？”

于是，他饿着肚子走上了刑场。当轮到董宣被行刑时，光武帝急忙派侍从骑马赶过去，赦免了董宣的死刑，并且命令他回到监狱去。

皇上使者审问董宣时，说道：“公孙丹父子无故杀人，理应斩首，你已经将他们诛杀。但是那些闹事者不过是想借此发泄一下心中的愤懑，你怎么可以将他们一并杀掉呢？”

董宣回答：“公孙丹在当地势力庞大，他的这些宗族及党羽以前都和逆贼王莽有勾结，对朝廷并不臣服。他们一起出来闹事就是与朝廷作对，我岂有不管之理？”

光武帝听说后，对董宣十分敬佩，认为其目光长远，帮自己解决了后患，然后将董宣免除死罪，但是“死罪可免，活罪难逃”，光武帝下诏将董宣降为怀县县长。

其实光武帝对董宣十分欣赏，他根本没有打算诛杀董宣，但董宣无故杀人是事实，只好先将其打入狱中，假装要处死，然后又在紧要关头让人将其救下，直接将死罪变为降职。

点评 光武帝对法治非常重视，在看到董宣为维护法律公正，不畏强权坚决抗争、秉公执法时，起初虽愤怒，但冷静后能理解董宣的作为，赦免了其死罪。光武帝的处理尽显其睿智与大度，传递了法律面前人人平等的信号，让百姓感受到君主对他们的尊重与保护，树立了君民一心、共同为国家稳定而努力的榜样。

## 康熙改制

康熙皇帝在位期间做出了很多功绩，他不仅对外开疆拓土，还在内政上励精图治，发展经济，使得清朝进入了盛世阶段。

康熙初期，战乱刚刚结束，全国经济萧条。为了恢复经济，康熙皇帝推行了多项措施。

首先他鼓励开荒，规定全国新耕种的土地十年之内不收税。在平定三藩之乱后，他又重新规定新开发的土地六年之内不收税。国家还给穷苦百姓提供耕牛、种子等，鼓励百姓开荒。为了开发更多偏远荒芜的土地，康熙帝还鼓励百姓进行迁徙，如“湖广填四川”。

在此项措施下，清朝的耕地面积迅速扩大。到康熙中期，出现了“崎岖之地，已无弃土，尽皆耕种矣”“山地尽行耕种，此外更有何应垦之田”的局面。

此外，康熙皇帝还推行了“更名田”，将明朝藩王的土地分配给农民耕种，这大大缓解了全国的土地矛盾。

在各项政策的推动下，全国的经济迅速恢复，财政收入也迅速增长。康熙皇帝认为，全国财政收入非常充足，于是实行“藏富于民”的政策，开始通过各种方式给全国百姓减少税收。

比如赈灾，康熙帝规定：只要各地出现灾荒，地方官员必须对灾情如实禀报，如隐瞒不报必严格处理，甚至贬官五级。

而赈灾分为发米和发钱。康熙时期，下令在全国各府州县建立米厂，一旦地方出现灾情，就可以使用这些粮仓就近救济，这样就减少了粮食运输的浪费。

再就是给灾民发放钱财。1707 年，江苏发生了水灾，当地仓库已无存粮，于是朝廷就折算为银两发放给百姓。成年人每月可拿赈灾银三钱，小孩减半。这个标准一直延续到了乾隆时期。有时候受灾面积很大，康熙皇帝就要求当地官员必须把自己的工资借给国家赈灾。1703 年，山东发生了灾害，康熙下令北京的三百名佐领拿钱，平均每人出钱三千两，一共达到了九十多万两。

再者就是折赈，即根据灾难的情况减免税收。在顺治年间制定的减免标准为：“被灾八分至十分，免田赋十分之三；被灾五分至七分，免田赋十分之二；被灾四分，免田赋十分之一。”

到了康熙年间却对规定进行了更改：“被灾五分以下者为不成灾；被灾六分者，免田赋十分之一；被灾七分八分者，免田赋十分之二；被灾九分以上者，免田赋十分之三。灾情重者，则田赋常常全部免除。”

不过在实际操作中，康熙赈灾的力度远远超过了具体规定。例如，山东旱灾时，按照规定应该免税额赋十分之三，但是康熙认为这次受灾面积较大，于是将赋税全部免除。

除了灾情之外，康熙皇帝还规定了各种免税的项目。如国家庆典、皇帝出巡、发生战争时，就对全国或者相关钱粮进行减免。康熙皇帝一生多次到全国各地巡视，经过的地方都要免除赋税，以示恩泽。

据统计，康熙在位期间，一共给全国百姓减少了1.5亿两的税收，这在中国历史上是空前的。所以当时国库充盈，百姓安居乐业。

**点评** 康熙在位期间，国家经历了多次战争，但仍然国库充足。可见康熙的改革对当时经济起到了巨大的作用。大规模地减免赋税，不但减轻了百姓的负担，更缓解了社会矛盾，保证了社会的稳定。

# 第二节　和谐共处——法不离情

## 汉文帝废除肉刑

汉文帝时期，临淄有一个读书人名叫淳于意，因为喜欢医学，经常给人治病，在当地有点小名气。后来他做了太仓令，但因太过耿直，看不惯官场上的趋炎附势，就辞了官，当起了医生。

有一次，一个妇人得了重病，请淳于意到家里诊治。淳于意在诊断之后，知道这个妇人已经病入膏肓，无药可救，便对其家人实话实说。但是妇人的家人再三恳求，让淳于意对她进行救治。淳于意只好勉强给她服了几服草药。

但是不久，这位妇人因为病重去世。妇人的家人便诬陷淳于意，说是因为他开错了药方才导致病人去世的，并将其告到官府。淳于意百口莫辩，恰巧官吏也是个不分青红皂白的家伙，直接判了淳于意的罪，淳于意须受肉刑。

当时肉刑有三种：脸上刺字、割去鼻子、砍去一只脚。由于淳于意曾做过官，当地官员没有执法权，所以要将淳于意押送到京师长安去受刑。

淳于意被押往京城时，异常悲痛。他感慨自己膝下没有儿子，只有五个女儿，到自己有难时谁也帮不上忙。而淳于意最小的女儿缇萦既悲伤又气愤。她决定陪父亲去长安，替他申冤，家人再三劝阻都没用。

临淄距长安两千余里，缇萦就一路跟随父亲，经历千辛万苦才到达长安。淳于意直接被押入狱中，等待处罚。

缇萦便托人写了一封奏章，然后去敲打皇宫外设置的报警用的“路鼓”，才得以向汉文帝上书申诉。文帝看奏章中这样写道：“我叫缇萦，是太仓令淳于意的小女儿。我父亲在做官的时候，齐地的人都说他是个清官。他如今犯了罪，被判处肉刑，我不但为父亲难过，也为所有受肉刑的人伤心。一个人砍去脚就成了残废；割去了鼻子，不能再安上去，以后就是想改过自新，也没有办法了。我情愿被官府没收为奴婢，替父亲赎罪，好让他有个改过自新的机会。”

文帝看了缇萦的上书，被缇萦的孝心深深感动。他觉得这个小姑娘说得很有道理，便自我责备道：“据说舜帝在位的时候，若有人犯罪，便在其衣服上做记号，或让犯人穿戴与众不同的服饰，以此作为对他们的惩罚和羞辱。这种惩罚虽然很轻，却让百姓不敢再做违法的事，这是多么高明的统治啊！而如今的肉刑，残害人的身体，听到就会让人心惊胆战，却无法阻止作奸犯科的行为，这到底是为什么？无非是我的德行不足以服人。我对此感到非常惭愧。所以说，若不对百姓加以正确的引导，就会使他们走向犯罪。现在有人触犯了法律，尚未对其进行教育，就施以肉刑，即使他们之中有人想改恶从善，却也没有机会了，这是多么让人痛苦的事啊！这种行为实在是太不道德了！”

于是，文帝便给御史大夫冯敬下了一道诏书，要他修订有关律法，废除肉刑。最终，缇萦救了父亲，还为天下人做了一件好事。

**点评** 汉文帝时期使用的法律大都有秦法的影子，而秦朝以暴力治国，所以很多刑法不合乎人道。汉文帝作为一个高高在上的皇帝，能够为民着想，给犯罪的人一次改过自新的机会，的确值得敬佩。也正是因为他的仁慈和宽容，才得到了百姓的赞扬和拥护。

## 乾隆特事特办

在历史上，每个朝代都会出现各种天灾，无一例外。所以各朝各代都在地方上设立粮仓，用来作为储备粮，以备不时之需。粮仓由当地官府管理，但是国家法律有所规定，要想开仓放粮，必须经过皇上同意，否则任何人胆敢擅自开启粮仓都要受到严惩。

乾隆年间，山东德州境内出现连日暴雨，致使河水猛涨，多地堤坝被毁、房屋被淹，百姓流离失所，灾民遍野。

以往遇到这种情况，需要督粮道上书皇上，必须皇上批准才能开仓放粮，救济百姓。

但是恰逢此时管理粮仓的督粮道颜希深去了外地救灾，他根本不知道德州的受灾情况。灾民们没有粮食，只能在饥饿中一天天等待下去。

管理仓库的其他官员因为怕被处罚，都不敢擅自做主，即使看着老百姓饿死，也绝不肯打开粮仓。

最终，这些官员不堪百姓的压力，向皇上写信，请求批示。但是因为洪水太大，截断了通往京城的路，如果等待水退，那还不知需要多长时间，其间必定还会有大批百姓被饿死。

督粮道颜希深的母亲——何老夫人看到百姓忍饥挨饿，实在没办法等下去了。她将督粮道大大小小的官员叫到家中，询问他们什么时候可以开仓。官员们却一致回答，需要“朝廷的批复”。

何老夫人听完，便说：“人命关天，不必拘泥于常法！”

但是一行官员互相推诿，都说私自放粮会触犯国法，有朝一日朝廷怪罪下来，他们可能性命不保。

何老夫人看着这些只知贪生怕死、不顾百姓死活的家伙，怒火中烧。她大声说道：“这事我先做主了，现在就开仓放粮。如果以后出了什么事，都由我和我儿子来承担，绝对不会牵涉到你们。”

何老夫人当即立下字据，并签字画押。这下那些官员们才放下心来，并打开仓库，给百姓发放粮食。在开仓之日，何老夫人亲临放粮现场监督，她要确保每个人都能领到粮食。

就这样，百姓们终于靠着这些粮食活了下来。

等将外地赈灾的事情办妥，颜希深回到了德州。他听母亲说完开仓放粮的事，先是一惊，接着安慰道："母亲大人勿虑，我会向皇上禀报此事，皇上怪罪下来由我一人承担。"

可是还没等颜希深写奏折，山东巡抚就派人将他们母子扣押了起来。原来督粮道衙门的其他官员怕皇上日后追究私自开仓放粮的事，就给山东巡抚写信，将颜希深母亲开仓的事一一叙述。

山东巡抚一看，这还了得，私自放粮可是大罪，轻则革职，重则杀头，这颜希深是知法犯法啊，所以不分青红皂白地把他们抓进了监狱。

等山东巡抚将这事奏明皇上，皇上深感意外：颜希深为官多年，正直清廉、政绩斐然，怎么会私自做出违法的事呢？于是他派人下去调查。调查的人弄清事实后，向皇上如实禀报。

乾隆皇帝一听，不但没有责怪颜希深，反而被其母亲的行为深深感动。然后下令，要求山东巡抚马上释放颜希深母子，并特地招颜希深母子入京，嘉奖了他们母子二人，封何老夫人为三品诰命夫人。

**点评** 执法严明固然是一个好现象，但是法不外乎人情，在执法的同时不能不顾及他人的生死存亡。面对大批即将饿死的灾民，如果依然死板地按照法律办事，那法律存在的意义又何在？所以，在特殊的情况下，法律更应该为人服务，人与法才能达到和谐共存。

# 唐太宗实行死刑复奏

唐朝建立之初，吸取了隋朝刑法过重导致民反的教训，对刑法有所减轻。

唐太宗在位期间，经常说："国家法律不是帝王一家之法，是天下都要共同遵守的法律，因此一切都要以法为准。"但是后来却因一时之气错杀一人。

张蕴古当时为大理丞，做司法审判工作。他为官清明，能力超群。有一年，一个叫李好德的人经常装神弄鬼，大肆宣讲妖妄之言，非议朝政，遂被朝廷逮捕。唐太宗下令朝廷官员集体商讨处置之法。

当时法律规定：凡口出妖幻之言妄议朝政君王的，处以绞刑；身体有残疾的，应该酌情减刑。

张蕴古认为此人神智不太正常，就将他按精神病人处理。建议唐太宗宽恕他，不予承担法律责任。太宗答应。

但是皇上在下令之前，张蕴古竟然提前跑到牢狱中将此事告诉了李好德，并且两人还在狱中下起了棋。后来，这事被人得知，便告发张蕴古与李好德有利益关系，故意纵放犯人。

唐太宗得知后大怒，不由分说便命人将张蕴古推出去斩了。

事后冷静下来，唐太宗追悔莫及，认为对张蕴古的惩罚太重。

他曾向房玄龄抱怨说："你们拿人的俸禄，应该忧人之忧。如今却不问就不说，这又怎么辅助我呢？像张蕴古身为法官，与囚犯博戏，泄露我说的话，的确有罪，但还不至于处以极刑。我当时盛怒之下，要将他杀了。你们竟然不说一句话，也没有再次上奏，随后就把他处决了，怎么会有这样的道理？”

唐太宗经过反省意识到，错杀大臣的问题出在了死刑执行程序上。为了避免类似事情再次发生，李世民遂下诏：从今以后，处决死刑犯，即使是皇帝下令斩立决，执法部门也必须反复上奏请示三次，得到最终核准后才能执行。

但是三复奏制度建立后，在执行过程中又出现了新的问题。执法部门为了快速处理案件，往往一会儿工夫就连续请示三次，同样没有考虑的时间，这根本达不到纠正定罪不当的效果。

针对此事，唐太宗又下令修复了三复奏的漏洞：在京师地区行刑要五次复奏，在地方州县行刑要三次复奏。并且复奏速度不能太快，必须隔天进行：五复奏行刑前一天复奏两次，当天复奏三次；三复奏行刑前一天复奏一次，当天复奏两次。

只有犯下谋杀祖父母、父母等至尊亲属长辈恶逆之罪的人犯，才可复奏一次即行刑。处决人犯当天，皇帝不吃肉、不喝酒、不听音乐、不看舞蹈，以示帝王悲天悯人之心。由此，唐代死刑复奏制度正式确立。

在死刑复奏制度下，不但不再有冤死之人，很多人还在复议时被免除死刑，有了改过自新的机会。宽松的刑罚反而使犯罪率大大下降，国家的死刑犯也大大减少。

**点评** 虽然说国家法律人人都应遵守，但是鉴于皇权的至高无上，有时君主会以自己的心情来处决罪犯，所以才出现了张蕴古事件。好在唐太宗及时反省，实行了死刑复奏制度，这样就有效地避免了因处罚过重而被冤死的可能。

# 第三节 修文重德——崇儒尊法

## 独尊儒术

武帝在位初期，喜欢以重法治理国家，这给人民带来了极大的灾难和痛苦。学者董仲舒认为：要想协调社会矛盾，保证社会稳定，必须实行礼义，布施仁德的政策，以德治理为主，重视“教化”，主张用仁德代替严刑。

董仲舒特别推崇孔子，认为他的德治、仁政、重视伦理教育的儒家思想应当大大提倡，而其他的学术思想则应当通通排斥。于是，汉武帝采纳了他的建议，“罢黜百家，独尊儒术”，并将这种思想作为国家的正统思想，在全国积极推行。

汉武帝将不尊儒家“五经”的太常博士一律罢黜，提拔布衣出身的儒生公孙弘为丞相，优礼延揽儒生数百人。独尊儒术以后，官吏主要出自儒生，儒家思想逐步发展，并成为此后两千多年间统治人民的正统思想。

董仲舒是推行儒学的代表人物。他为官期间，经常把孔子所修订的《春秋》作为治理国家、管理百姓的理论依据，凡是遇到政治、法律等一切疑难问题，大多从《春秋》中去寻求答案。

有一次，一对父子和路人发生了争执，结果越吵越凶，最后竟然打了起来。路人直接拔出佩刀刺向那位父亲，儿子见了，连忙抄起身边的棍棒，阻止路人行凶。但是因为太过慌乱，儿子的棍棒竟然打在了父亲的头上，导致父亲受了伤。

当时国家崇尚孝道，所以法律规定，如果儿子打伤父亲，是大不孝，应该判重罪。所以，这一事故中儿子罪不可逃。

但是董仲舒知道后，却讲了一则《春秋》中的案例：春秋时期，有个人名叫许止，他对父母都非常孝顺。有一次父亲病了，他赶紧去给父亲抓药，并亲自煎好后端给父亲喝，谁知其父亲喝了药之后竟然死了。但是考虑到许止并没有杀死父亲的动机，所以并没有对他论罪。

而以上的案子和《春秋》中的案子相仿，儿子不过是在混乱中无意打伤父亲，所以也应免除罪行，遂将其释放。

董仲舒的这种思想更有利于统治者的统治，所以得到汉武帝的大力支持。当他晚年退休后，朝廷如遇到一些重大的问题，还派最高司法官去他的住处询问解决方法。

**点评** 汉武帝在董仲舒的影响下，开始提倡儒学思想。他认为用刑罚治百姓，虽然百姓们因为害怕惩罚而不敢犯罪，但内心仍然没有臣服；而用礼治百姓，百姓们会觉得犯罪可耻，从而改变自己的行为。所以，用道德感化比用刑惩罚更能服人心。

# 康熙尊崇孔儒

康熙即位时，清朝入关时间还不长，人心依然不够稳定。康熙深谙治国之道，明白安抚人心的策略。于是他开始大力倡导儒学，使得孔孟之道得以在朝野之间广为流传，深入人心。

康熙帝刚刚亲政，就采纳汉官的建议，首次率礼部诸臣前去国子监视学，并举行临雍大典，以示自己对孔孟和儒学的尊崇。

后来，他又在宫中专门修建了传心殿，专祀孔子。他不但亲自研习儒家经典，更是下令修订“四书五经”，力求让儒家经典的教义更加准确无误地传达给百姓。

有一次，康熙帝外出南巡，在回归途中经过山东曲阜时，他亲自参拜孔庙，并行三跪九叩大礼，特赐“万世师表”匾额，悬挂于大成殿。后来，他每次离京出巡，都要给各地孔庙和学府写牌匾，以示其尊孔崇儒的虔诚。这些举措无疑进一步巩固了儒家思想在社会中的地位，使得孔儒文化成为国家的主导思想。

对于教育方面，康熙也极为重视，他认为教育是国家兴旺发达的根本。所以，他在各地广设学校，选拔贤能之士担任教职，让更多的孩子有机会接受教育。他还鼓励士子们深入研究儒家经典，以此来为国家培养德才兼备的人。在他的影响下，全国上下掀起了一股学习儒家文化的热潮，士子们争相攻读圣贤之书，希望能够通过科举考试，一举成名天下知。

除此之外，康熙在平定“三藩”以后，还举行了一次“博学鸿儒科”。

当时国家大局已定，康熙对于“三藩”的撤销让明朝遗老复辟故国的幻想逐渐破灭了。借此机会，康熙既是为了缓解满汉之间的矛盾，也为了招揽人心，决定开一次荐举和考试相结合的制科。其实就是让别人举荐成名的大儒或者文化名人，然后用作诗词的方式对他们进行考试。

这次考试虽然在名义上是考试，其实不过是宴请有学识的知识分子，让他们在轻松的环境中发挥一下自己的才能。当时参加的人有二百左右，最后被录取的竟有五十人之多，比科举考试的录取比例高太多了。

他们这些人中，有不少人原来抱有严重的反清情绪，可一旦被录用，就拥有了高官厚禄，并享受到各种特权，丰衣足食，便开始逐渐放弃其反清立场。

康熙的这一举措，既为国家选拔了人才，也彻底浇灭了那些文人反清的火苗，可谓一举两得。

当时，在康熙帝的影响下，孔儒文化得到了空前的繁荣。无论是朝廷还是民间，都对儒家文化充满了敬意。这对国家的稳定与社会的和谐起到了积极的作用。

**点评** 儒家文化在中国一直传承了两千多年，其中经历过被人摒弃的时候，但最终还是成为中华文化的瑰宝。康熙时期，因为对儒学的尊崇，让孔儒文化达到巅峰，并为清朝乃至整个中国历史留下了宝贵的财富。

# 明太祖尊儒

明太祖朱元璋是一个纯正的马上皇帝，但是他知道文化的重要性，所以当上皇帝以后，他大力发展文化。

当时，元朝统治中国，很多中原文化被蒙古化。在朱元璋当上皇帝后，首先对中原文化进行了改革，开始去蒙古化，崇尚儒学。

明太祖即位不久，就下令以太牢的礼节祭祀孔子，还派遣特使邀请孔子的后人孔克坚入京，并赏赐给他良田、房屋，以及每月二十石米。孔氏子孙从此开始世袭官职，且都可以受到特殊的礼遇。这一行为得到了朝野上下的一致推崇。

一时间儒学之风在全国盛行，“四书五经”等著作更是成为当时读书人的必学书目。尤其是在科举考试时，题目必须都要从“四书五经”中选取。接着，朱元璋又命东阁大学士吴沉等人以“敬天”“忠君”“孝亲”为纲，从儒家经典中选择与之相关的内容，将其编撰成册，供全国上下学习。

为了大力促进儒学的发展，朱元璋在京城建立国子监，并下令让“俊秀通文义者”进入国子监学习。朱元璋对国子监学生的要求很高，他们除了要关注国计民生，还要具备参政议政的素质。

有一次朱元璋召儒臣畅谈治国之道，大家侃侃而谈，然而李思迪和马懿却自始至终沉默不语。朱元璋非常生气，就把他们给贬了。之后，在下发给国子监的“通报”中说：身为人师，应该“模范其志，竭胸中所有，发世之良能，不隐而训”。李思迪和马懿，出身草野，能与皇帝议论国事，皇帝这么虚心请教，他们竟连一句话都不愿说，对皇帝尚且如此，还能指望他们尽心尽力教学生吗?

除此之外，朱元璋还下令在全国的州县设立官学，为许多学子开通了一条求学之路，并招用大量士人担任儒学教官，让儒学文化得到了广泛传播。

不但如此，朱元璋自己对儒家经典也多有涉猎，喜欢大胆质疑后儒的注释，直接对经典做出自己的解释。为了了解更多的帝王之道，他曾经让翰林院学士宋濂给他推荐书，宋濂便说《大学衍义》适合帝王阅读，于是朱元璋命人将书中内容贴在宫殿两边的墙壁之上，并召集大臣，让宋濂给大臣们讲《大学衍义》中的内容。

一个国家的文化发展，自然少不了人才的推动和支撑，朱元璋在人才的选拔上同样非常重视。

在人才选用上，起初朱元璋继承了先前的科举制度，但是后来发现这些人大多只会书本上的死知识，缺乏生活经验，无法活学活用，与他所设想的能够具有实际才干的官员有很大差距。所以在推行数年之后便废除了，改为推荐制。但是实行的时间不长，推荐制的弊病便暴露无遗，很多人开始推荐自己的亲信入朝，在朝中形成帮派团体，对政治造成了很大的影响。

后来，朱元璋又将选拔方式回归到科举上，但是做出了一些改制，他要求适龄学子先充分进行基础教育，之后再开展科举考试。这样就有大批优秀者从科举中脱颖而出，进入朝廷效力。

**点评** 明朝时期儒学能够得以推行，和朱元璋对教育的重视密切相关。朱元璋对科举制度进行改革，体现了其将儒学和实际相结合的思想，这也是儒学发展的一大进步。在其推动下，明朝成为第一个明文规定在全国的各郡县都要建立官办儒学的王朝。

# 第四节　全民皆兵——重本务实

## 唐朝府兵制

李世民知道军事力量对一个国家的重要性。在战争年代，士兵的作用不言而喻，军事力量越大对领导者来说越有利。但是和平时期，国家无须大量的军队，又该怎么发展军事力量呢？

唐太宗李世民在位期间，即采用了“府兵制”，即“全民皆兵”。

府兵制，起源于西魏权臣宇文泰，后来经过北周、隋朝、唐初而日趋完备，到唐太宗李世民时期到达顶峰。

这种制度是一种将士兵身份和农民身份进行转化的制度。每个军人都需要种田地，但是不要求每个种田的人都需要当兵。这样做的直接好处，就是朝廷将不用花费一分钱、一粒米就可以拥有数十万军队。

在唐朝，地方政府被分为两个等级，上一级叫作“州”，下一级叫作“县”。这两个地方都是负责行政的，并不管军事。而“府”，则是在这两个地方行政区外所建立起来的“第三者”，它属于军事区域。所以，府兵的“府”所指的含义，实际上就是“军队驻扎的地方”。而在唐朝，“府”的名字叫折冲府。

折冲府根据府兵人数的不同，分为上中下三等，唐朝大概有六百到八百个府，士兵人数在四十万到八十万之间。

这些府有三分之一分配在“关内”，离京城较近。剩下的三分之二则都会被分配到全国各地。可就是这么一个庞大的军队，居然不用国家的一分钱、一粒米，完完全全都是靠自己养活自己。他们除了平时的生产劳作之外，还要担负起保家卫国的责任。可以说是非常的了不起！

其实，国家对于府兵也有要求，并不是人人都可以去当兵，而是必须达到某种资格。当时国家将国人的户口分为九等——上中下，只有上等和中等的人家才可以去当兵，下等的是没办法去的。

如果愿意当兵，他们一家人就不需要再缴纳税赋，这已经算是很大的优待了。当然，当兵是没有军饷可拿的，并且还要自己准备装备。如果遇到战争，就带着自己的装备上战场。

府兵要到20岁才开始服役，且每个府兵都必须到首都去“宿卫”一年，除此之外，基本上都是生活在所处的府之中。

在和平年代，这种政策对于年轻人还是很有吸引力的，因为免除一家人的赋税，将会给一个家庭减轻很大的负担，并且去当兵无非就是平时种田，闲暇时搞点训练，这还可以强身健体，何乐而不为呢？

正是这宽松和优厚的条件，使得当时很多年轻人纷纷进入军队当兵，让唐朝一直保持着庞大的军事力量。

**点评** 唐太宗年轻时便带领军队南征北战，他深知军队对国家的重要性，所以即使在唐朝建立以后依然重视发展国家的军事力量。面对军队巨大的开支，唐太宗实行了“府兵制”，这样可大大减轻中央政府的财政负担，起到一举两得的作用。正是这一制度，使得唐朝得到了一定时期的稳定，并也给向外发展提供了机会。

## 草原雄鹰

一代天骄成吉思汗，曾如一只雄鹰一样在草原上翱翔。他一生征战无数，几乎无一败绩。他带领的铁骑所到之处，诸国无不臣服。他开疆拓土，曾横扫欧亚大陆，成为草原霸主。

据推算，当时成吉思汗统一蒙古高原后，手下的蒙古总人口在一百五十万到一百七十万人。而与之同时存在的宋朝，人口则以千万甚至上亿计。那么，在地广人稀的大漠，他的军队到底是如何做到所向披靡的？这与其“全民皆兵”的理念有很大关系。

生活在草原上的游牧民族历来逐草而居，他们居无定所，生活方式也极为单一。草原上无法种植农作物，也没有丰富的产出，只能以牧马牧羊为生，所以他们在闲暇时就喜欢骑马射猎。

对于他们而言，骑马不仅仅是一种娱乐，更是一门生存技能，所以，在这种条件下长大的牧民，个个都能成为最优秀的骑兵。一旦战鼓敲响，壮丁们便会迅速集结，化身为令敌人闻风丧胆的勇士。

而成吉思汗在位时期，利用这得天独厚的条件，他要求每名男子从小便接受严酷的训练，无论是射箭还是马术，都要求精益求精。久而久之，他们各个就都历练成为一名优秀的士兵。而草原上的男儿无不以手握弓刀、驰骋沙场为荣。这种全民参与战争的精神，塑造了蒙古民族强悍的性格。

除了男人作战勇猛外，在特殊的环境下女人也毫不示弱，她们骑马、射箭，样样都会，也照样可以参加战斗。

在草原的严酷环境下，提升生存能力成为每个骑射战士必须面对的挑战。他们不仅要在疾风骤雨中驰骋，更需学会在荒漠戈壁里寻找水源，捕猎食物。昼夜不停的训练，强化了他们的体能和意志，也使他们磨砺出一套套精妙的生存技巧。无论是严寒还是酷暑，他们都能以顽强的生命力，与自然和谐共存，展现出一种生生不息的草原精神。

所以，成吉思汗的麾下虽然总体人数不多，但几乎人人都是精兵强将，在战斗时，自然就形成了一支强大的军队。

并且，成吉思汗对于军队的管理采用十户一兵制的征兵方法。这种制度将部落民众按照十户一组进行编组，每组中挑选出一名壮丁担任战士。这样的方式既保证了军队的人数，又让每个家庭都能为国家的安全贡献力量。战士们在战场上英勇无畏，保家卫国；而他们的家人则在后方默默支持。这种十户一兵制不仅体现了民族团结的精神，还展现了国家对民众的信任与依赖。

正是这一系列的条件，使成吉思汗的铁骑成为无坚不摧的军队，建立了疆域最为庞大的蒙古帝国。

**点评** 成吉思汗能够征战四方，建立自己的帝国，是多条件造就的结果。一支强大的军队固然是基础，但是其卓越的军事才能也是必不可少的条件。他的一生，无疑是人类历史上最为辉煌的篇章之一，其影响力远远超出了他所生活的时代。

## 隋炀帝东征

高句丽一直是我国的边境之患，隋炀帝杨广在位期间，曾三次对其进行征讨。

大业八年，因高句丽王高元不遵藩礼，隋炀帝决定征讨高句丽。隋炀帝下诏集结天下军队，无论南北远近，都要会合于涿郡。于是，他征调了一百一十三万余名士兵，组成庞大的军队。另外，又征调二百万名民夫，运送衣甲和粮食等。

在开战之前，杨广下令隋将不得擅自决策，必须先向他报告，待他同意才能行动，这一命令让隋军陷入无比被动的境地。隋将每次想做决定都要派人报告给远在后方的隋炀帝，这就延误了军情，导致隋军无法对战事及时做出判断。同时，也给了高句丽军充足的时间进行重整和反击。

这导致两军对战时，高句丽坚守各座城池，隋军久久无法攻下。右翊卫大将军来护儿率领江、淮水军，选拔了四万名精兵，打算从海路进攻。但是在平壤城外惨遭伏击，最后大败而回，士卒几乎全军覆没，逃回者不过数千人。

就这样五个月过去了，杨广也没拿下辽东城。三十万五千名隋朝陆军渡过辽河攻打高句丽，也遭到惨败，逃回的只有二千七百人，资储器械巨万计，也丢失殆尽。最终隋军以失败告终。

隋炀帝并未就此罢休，第二年，他再次御驾亲征，对高句丽发起第二次进攻。正当双方相持不下时，从朝中传来礼部尚书杨玄感造反的消息。隋炀帝密召诸将，密令撤军。高句丽跟随抄击，损失羸弱者数千人。

在平定了杨玄感之后，大业十年，隋炀帝再次向天下征兵，继续进攻高句丽。隋炀帝到达涿郡时，隋军士卒开始在路上相继逃亡。

当隋炀帝车驾到达怀远镇时，隋朝国内已经大乱，所征之兵大多未按期到达。隋朝来护儿在毕奢城击破了一支高句丽军，趁机要向平壤进军，高句丽王高元因为害怕，遣使者向隋朝请降。隋炀帝非常高兴，在这紧要关头，竟然召来护儿率军返回，来护儿只好奉诏退军。

隋炀帝三次东征高句丽，举国动员，彰显了隋朝捍卫边疆的坚定决心与强大国力。这不仅是一场军事行动，更是国家意志与民族精神的集中展现。通过三次征战，隋朝有效维护了边疆稳定，保障了中原地区的安宁与发展。尽管过程艰辛，但这一壮举无疑增强了中华民族的凝聚力，对后世维护国家统一与边疆安全产生了深远影响。

**点评** 隋炀帝东征高句丽，全民皆兵，虽然战略上有所失误，但展现了隋朝强大的军事实力和统一意志。三次征战促进了中原与东北亚地区的交流，加强了民族团结，推动了边疆治理和防御体系的完善。尽管过程充满挑战，但隋炀帝东征为后世处理边疆事务提供了宝贵经验，也为唐朝的繁荣稳定奠定了基础。

# 第五节　与民休戚——推陈出新

## 顺治改革

顺治皇帝定都北京后，清政权基本安定下来。然而，几十年的战争带来的一系列问题依然存在：最主要的是土地的荒芜和人口的减少，致使国家税收大幅缩减。而这些直接影响国家的财政收入。

多年的战火已经使百姓生活苦不堪言，流离失所，如果此时再像以前一样加紧对农民征收赋税，定会导致农民反叛。

多年的战争，导致大量壮丁逃亡，土地出现荒芜，所以清朝初期顺治帝实行了减免赋税、招抚逃亡、开垦荒田等政策，让遭到战争严重破坏的社会经济慢慢复苏。当时社会环境非常艰苦，据记载，“招抚流移，哀鸿稍集，毕竟民穷，元气难复，或数家朋买一牛，或人力耕锄数亩……牛种不敷，艰苦万状”。

然而在经过一段时间之后，人丁与耕地数字都有了一定的增长，社会生产也有了一定程度的恢复，为以后进一步的发展奠定了基础。

但是国家财政依然无法迅速填充，顺治皇帝亲政时，各直省钱粮缺额已至四百余万两，赋亏饷诎，出现了严重的财政困难。

在大学士范文程等人的建议下，顺治开始推行屯田垦荒制。重点地区是受战争破坏严重的四川及北方各省，由政府发给农具和种子，招民开垦，实行三年起科。在辽东一带更是实行招民垦荒授官令，鼓励人们赴辽东开发土地。

后来，国家又公布《督垦荒地劝惩则例》。则例中规定督抚按及道府、州县、卫所等各级官员在一年内，按垦荒数量给以记录或加升一级的奖励，同时还规定了文武乡绅及贡监生民人等垦荒的奖励办法，并规定如果开垦不实或者开过复荒，新旧官员都要分别治罪。

第二年，又实行捐资开垦法，垦荒政策的推行取得了一些成效，对困顿不堪的社会经济起了一定的复苏作用，但因当时国家还未完全安定下来，这一政策收效不大。

明朝末年，各藩王贵族隐匿大量土地而不上报，以至官府所掌控土地的数量很少，严重影响了国家赋税收入。顺治帝并未对其进行处罚，而是采用了宽大的政策，让其将土地按数登记即可。这一政策的公布，使报垦者开始大量增加。对于散落在各地的原明代王田，顺治令地方官彻底清查后，实行“房屋应行变价，地土照旧招佃”的办法，因而做到了粮租兼收。

为了不使百姓受累，顺治多次免除一些省份的土特产贡品，并一再减免受灾地区的钱粮，以休养生息。

在这些政策的共同作用下，清朝逐渐发展起来，为以后的康乾盛世打下了坚实的基础。

**点评** 明末清初，国家饱受几十年战乱的侵袭，导致人民生活困顿不堪。顺治帝深知明朝灭亡的原因之一是赋税的沉重，给百姓带来了巨大的压力和负担，所以他入关后，采取了减免赋税等一系列措施，以稳定人心，发展经济。

## 开皇之治

隋朝虽然在历史上存在的时间极短，但是其开国皇帝隋文帝杨坚是一个颇受人尊敬的人。他不但宽容仁厚，还为百姓做了不少好事。

隋朝建立后，杨坚为了巩固政权，采取了一系列有利于社会经济发展的政策措施。这些改革几乎涉及封建社会的各方面，包括中央和地方的政治体制、赋税、土地制度、法律、钱币、对外关系等。

在政治体制方面，隋文帝废除了北周六官制，确立了三省六部制。杨坚在中央设立三师、三公、五省。三师、三公只是一种荣誉头衔，并无实权。真正掌握政权的是五省，即内侍省、秘书省、门下省、内史省和尚书省。但是内侍省和秘书省起不了什么作用，真正掌握政治实权的是内史省、门下省和尚书省。

内侍省是宫廷的宦官机构，管理宫中事务。秘书省掌管书籍历法，事务较少。内史省负责决策，门下省负责审议，尚书省负责执行。这就是后来被唐朝继承的三省制。三省六部制的确立，使得国家机关分工更加明确，组织更加严密，这就进一步加强了中央集权。

在地方，隋文帝下令废除郡，实行州、县两级制。在此之前，北周实行的是州、郡、县三级制，出现了“民少官多”的现象，造成了极大的财政浪费。隋文帝实行两级制度，并且合并了一些州县，淘汰了大批冗官，这样就节省了国家的财政开支，减轻了百姓的负担。

为了更好地行使中央的权力，杨坚下令，九品以上的官员一律由中央任免。官吏的任用权一概由吏部掌握，禁止地方官私自录用官员。并且地方每个官员每年都要由吏部进行考核，以此来决定官员的奖惩和升降。这种选拔朝廷官员的制度，使各个阶层有才华的人都有机会为朝廷效力。

为了选拔到更多合适的人才，隋文帝创建了科举制，科举制度对后世的影响非常深远，它在中国持续存在了一千三百多年。

在北周时期，法律既残酷又混乱，隋文帝本着人性化的原则对法律进行了修改。他命高颎等人参考魏晋旧律，制定了《开皇律》。又命苏威、牛弘修改新律，删除苛酷条文，废除了宫刑、车裂等条款，并且废除了灭族之刑，只有死、流、徒、杖、笞五种刑罚。这大大减轻了法律的残酷和野蛮性，在中国法制史上具有划时代的意义。

在农业方面，隋文帝继续实行均田制。规定每个男子可以分配八十亩露田（种五谷），二十亩永业田（种桑麻）；每个妇女可分配四十亩露田。露田要在受田者死后归还，而永业田可以永不归还。

为了减轻农民的负担，杨坚还多次下诏减免农民徭役和租赋，与民休养生息。此外，隋文帝在乡间设置义仓，其中的储粮由百姓捐纳，以备饥荒时赈济灾民。

这一政策不仅提高了农民劳动生产的积极性，又增加了国家的财政收入。社会不久便呈现出一片繁荣景象，后人将隋朝这段盛世局面称为“开皇之治”。

**点评** 隋文帝完成了国家的统一，结束了多年战乱的局面。他在位期间，国家政治清明，人民安定，社会经济恢复繁荣。可惜隋文帝没想到，自己辛苦打下的江山会很快被儿子毁之殆尽，自己的辛苦付诸东流，但是隋朝的强大为唐朝盛世奠定了基础。

## 刘邦建国

秦末战争结束后，汉高祖刘邦建立了西汉王朝。当时，战争给国家造成了巨大的创伤，人口锐减，经济凋敝，到处一派杂乱的景象。

为了发展经济，稳固新生政权，刘邦进行了一系列适合汉初发展的“休养生息”之策。

为了调动农民的生产积极性，在秦赋税制度的基础上，刘邦采取了“轻徭薄赋”的政策。因为战乱刚刚结束，百姓都没有一点儿积蓄，就连皇帝也无法配备纯色的四匹马，而将相有的只能乘坐牛车。

于是刘邦颁布法令约束节俭，减轻田租，收取十五分之一的税，根据官薪和政府的开支，向百姓收取赋税。但山川园池市场租税的收入，从天子到受封邑者的私邑，都各自自己供给，不向天子领取平常的费用。用水道转运关东的粟到京师给各官府，一年不超过几十万石。

在重点发展农业生产的同时，刘邦也对工商业的政策做了调整。主要措施就是放宽对私人工商业的限制。结果不仅振兴了工商业，也促进了农业生产。

后来，关中发生大饥荒，致使米价大涨，农民因为买不起米，饿死的不计其数，甚至为了活命，有些人互相蚕食。为了解燃眉之急，刘邦采取“移民就粟”的举措，允许百姓买卖自己的孩子，到粮食较充足的蜀郡、汉中郡去谋生存。

第二年，蜀汉人民因供应军需负担甚重，刘邦便下令免其租税两年。关中士卒从军的，免除其家赋税一年。普通百姓中，如果有年过五十，且德高望重能领导大家为善者，安排其为三老，每乡一人。在这些三老中再选出一人为县三老，和县令、县丞、县尉共议政事，免除其役戍。并且将十月定为酒肉慰劳人民之月。刘邦的这一波操作很好地收买了人心，足以看出其明智的一面。

对跟随自己出生入死的将士们，刘邦也给予优厚的待遇，如有不幸阵亡的，派专人为他穿好衣服用棺木收敛，送回老家。这让四方百姓都诚心归附。

不久，刘邦又颁布了《罢兵赐复诏》，其内容主要有：民众因饥荒卖身给别人做奴婢的，都赦免为平民；让参战多年的兵卒复员回家，并给以优待，入关灭秦的关东人愿留关中为民的可以免徭役十二年，回关东者免徭役六年；令战乱期间流亡山泽没有户籍的流散人口“各归其县，复故爵田宅”，恢复过去的政治、经济待遇。现役军吏卒无爵或爵在大夫以下的，“皆赐爵为大夫”；“大夫以上赐爵各一级”；爵位在七大夫以上的，“皆令食邑”，以下的免除本人及全家的徭役。归农的军吏卒，“以有功劳行田宅”“善遇高爵”，高爵要优先给予田宅。

以上措施和政策的施行，使汉初的农业生产得到大大发展，经济很快得到了恢复。

**点评** 汉高祖刘邦推行的休养生息措施，虽然在其执政期间国家并未出现明显的政绩，却经过后面几代君王的继承和发展，西汉王朝逐渐由弱变强，出现了“文景之治”的盛世局面。甚至汉武帝时期的强盛，亦与刘邦的努力分不开。

# 第六节 敦本务实——大公无私

## 戴胄秉公执法

唐太宗李世民即位后，秉承着“以人为本”的原则，对国家的法律进行改革。在唐太宗法治思想指导下制定的《唐律》，沿袭了隋朝的法律，但比隋律有了进步，刑罚有所减轻，更加重视道德的约束作用。他首先以身作则，遵守法令，给大臣们做了一个好的示范。

唐太宗对人才一向重视，在隋朝灭亡后，有很多隋朝旧臣被李世民招揽过来。其中戴胄就是隋朝的一个小官。他通晓律法，善于处理公文，李世民见他为官清直，便让他担任大理寺少卿。

当时，唐太宗允许前隋朝官员到朝廷吏部来参加选官，并以在隋朝时的官职品级作为参照，授予官职。但是很多人为了能够得到高官，纷纷伪造履历，提高自己在隋朝时的官职品级。而唐朝继承的隋朝档案也不完整，所以这些事情很难核对。

唐太宗得知后非常恼火，下诏规定：已经通过伪造履历获得官职的官员都必须自首；不自首而被揭发出来的，要处以死刑。

有个温州司户参军名叫柳雄，他同样伪造了在隋朝任职的品级，结果被人揭发。唐太宗特意下诏要柳雄自首，并一再明确，如果再不自首，就要判处死刑。

然而，柳雄却嘴硬得很，坚决不承认自己造假。唐太宗下令将柳雄交给大理寺审问，经过几次审讯，柳雄终于因为心虚，承认了自己伪造履历的事情。

戴胄将审判结果报告给唐太宗，说已经查明柳雄的罪状，按照法律应该将其判处流放。唐太宗火冒三丈，说道："谁规定的流放？我已经判处好了，必须死刑！"

戴胄不同意唐太宗的决定，于是和他辩论起来，说："国家既然有法律，就应该按照法律规定治罪，皇帝怎么能私自加罪呢？"

唐太宗还是气不过，依然不依不饶。但是戴胄据理力争，执意依法办事，最后唐太宗被戴胄的秉公执法深深感动，还是采纳了戴胄的意见。

后来，唐太宗对群臣说："戴胄能够为我这样严守法律，难道还会有冤死的人吗？"

在以后的一些案件中，戴胄依然时常因为坚持法律，和唐太宗产生冲突。但每次争论时，他都仔细分析法律的意义，并且严密推论，由此让唐太宗对他更为敬重。

唐太宗一向厌恶贪污腐败的现象，他坚持依法从严治吏。他曾多次强调："官吏违法犯罪，不能有所姑息，而应一断于律，如果违法就应该坚决予以制裁。"

他的叔叔李道宗曾有贪污行为，依然按律被削去爵位，贬为庶民。因此，唐律虽不严苛，但较为严密，对官员有很强的威慑作用，故而有效地防止了各种腐败现象的发生。

**点评** 唐太宗更改律法，让法律更加人性化，为以后的“贞观之治”打下了良好的基础。在执法过程中，唐太宗虽然也曾因一时之气想将皇权凌驾于法律之上，但是最终还是依法办事。所以当时君臣上下都遵法守法，严格执法，形成了知法守法的良好风气。

## 赐子髡刑

朱檀是朱元璋的第十个儿子，他虽然不是朱元璋的嫡子，但是他在出生后不久，就被朱元璋封为鲁王，封地在山东兖州。

朱檀自幼聪明好学，谦恭下士，博学多识，琴棋书画无不精通，所以备受皇帝后妃的喜爱。在15岁之前，他因为年幼，无法去封地，所以一直待在南京，伴随朱元璋左右。

在满15岁以后，他不得不去封地兖州任职，朱元璋依依不舍地与他告别，并反复嘱咐，让他造福一方百姓。

但是到了兖州之后，朱檀一改以前的优良作风，开始放纵自我。他先是大兴土木，修建了奢靡豪华的鲁王宫，宫殿外围有护城河、内部有下属机构治所，总面积达到了五百五十亩，周长大约二千四百二十米。

他生活奢靡无度，不但沉迷女色，还整日饮酒作乐，无所事事。更离谱的是，他不知怎么就迷上了炼丹修仙。他为了让自己长生不老，将很多江湖术士请到府里，终日跟着他们焚香诵经，并炼制仙丹。

这些江湖术士原本就是骗子，他们见皇子沉迷于此，更加肆无忌惮地讲述服用丹药的各种好处，导致朱檀越陷越深。

然而，长期服用含重金属的丹药，对朱檀的身体造成了很大的影响，他经常头痛难忍。为了治疗自己的头疼之病，他又找来江湖术士，询问解决之策。

其实这些江湖术士原本就没有办法，但是还是欺骗他说："殿下这病并不难治，只是得需要一个药引。这个药引有点难办。"

朱檀一听，难道还有什么是我找不到的吗？不禁奇怪地问道："到底是什么药引？"

术士说："就是未成年男童的命根子。"

此话一出，朱檀惊讶得瞠目结舌，这药引也太特殊了。但是为了给自己治病，他也顾不得那么多了，便让兖州各村庄的百姓定期将自己的儿子送到府上。

送到府上的男孩虽然不至于丧命，但这也有点太残酷了，所以百姓们怨气冲天。

后来此事被朱元璋得知，朱元璋大怒道："荒谬，想不到堂堂一个皇子竟然能够做出如此龌龊之事。"于是下令将朱檀府上的术士全部杀掉。为了让朱檀长记性，竟然还给朱檀施以髡刑。髡刑即将头发剃掉。虽然这种刑罚对身体没什么伤害，却是一种极大的侮辱。在古代，头发如身体一样，应该好好保护，不受伤害，受到髡刑就如受到身体之刑一样。

**点评** 朱元璋本来对儿子朱檀非常宠爱，但是面对儿子的荒唐行径，依然毫无偏袒地对其实行了惩罚，从中可以看出朱元璋在法律面前大公无私的一面，也真正体现了“天子犯法，与庶民同罪”这一原则。

## 乾隆帝不徇私情

爱新觉罗·弘瞻是乾隆的弟弟。在乾隆登基时，他才 2 岁，作为哥哥的乾隆对其如父亲一般，呵护有加。

后来，因为乾隆的叔叔果亲王膝下无子，就将弘瞻过继给他。

待弘瞻 18 岁时，乾隆让他当上了武英殿、圆明园八旗护军营的首领，御书处和药事房的管理工作也落到了他的头上。两年后，乾隆又把管理造办处事务的肥差交给了他。

不久，果亲王去世，弘瞻便继承了他的爵位，领上了双份的俸禄。这俸禄可非一般官员可比，可以说是富得流油。他的银库里堆满了金银珠宝，但即便如此，他却仍不知足，竟然走上了贪赃枉法的道路。为了积累更多钱财，他不断地从百姓和官员那里敛取钱财，甚至不惜侵占他人的土地和财产。

不但如此，弘瞻仗着乾隆的宠爱，平时行事也越来越嚣张。有一次，乾隆命他前往盛京恭送玉牒，但弘瞻一心只想去打猎。他在打完猎后返程之时，才顺道跑了趟盛京。如果换成别人早就被乾隆砍掉脑袋了，但弘瞻只被乾隆臭骂了一顿，并未受到处罚。

然而，弘瞻受到乾隆的训斥，不但没有反省收敛自己的行为，反而变本加厉，这导致乾隆对其越来越不满。

乾隆二十八年，两淮盐政高恒替京师王公大臣贩卖人参并从中牟利，案子被爆出后，发现弘瞻也参与其中。弘瞻利用自己的王府护卫，把欠钱的商人江起镨带到他的亲信高恒那里，强迫他以低价卖出高价的人参，从中赚取差价。

这下可彻底惹怒了乾隆，乾隆下令让人彻查弘瞻此前的所作所为。这一查不要紧，弘瞻的所有恶劣行径全部被暴露出来。他借造办处名义强取豪夺，让军机大臣替其门客谋取差事；圆明园失火时他毫不关心，根本没把国家之事放在心上；弘瞻还曾经派遣官差到各地收购各种珍贵的物品等，如蟒袍、朝衣、刺绣、古玩、优伶等，但是他却只付给很少的钱，或者干脆不付钱，强行夺走。

乾隆皇帝怒不可遏，心想：我一直念及亲情，对你特意关照，想不到你却在我眼皮底下为非作歹，辜负了我的一片好心。这次我绝不姑息！

于是，乾隆果断废除了弘瞻的果亲王爵位，将其降为贝勒，并免除他的一切职位，夺取一切权力。

弘瞻从小深受哥哥宠爱，根本没遭受过什么打击，如今被乾隆严厉惩罚，心里郁郁寡欢，竟然一病不起。没过多久，便不治身亡。

**点评** 乾隆作为一国之主，拥有至高无上的权力，他完全可以以一己之力袒护亲人。但是当他得知自己的弟弟不顾国家法令胡作非为时，并未徇私枉法，而是毫不留情地对他进行了处罚，足以见其一视同仁的作风。